W0299434

Kohlhammer

Silke Hertel
Bernhard Schmitz

Lehrer als Berater in Schule und Unterricht

Verlag W. Kohlhammer

1. Auflage 2010

Gesamtherstellung:
W. Kohlhammer Druckerei GmbH + Co. KG, Stuttgart
Printed in Germany

ISBN 978-3-17-020742-4

Es ist nicht genug zu wissen, man muss auch anwenden,
es ist nicht genug zu wollen, man muss auch tun.

Johann Wolfgang von Goethe (1749–1832)

Unser besonderer Dank gilt Sarah Marie Dinkel und Marlena Abrie, die das Manuskript redaktionell überarbeitet haben sowie Simone Bruder, Daniela Flammer, Alice Ihringer, Molly von Oertzen, Antje Orwat-Fischer und Claudia Pauly, die uns bei der Entwicklung des Manuskripts unterstützt haben.

Bedanken möchten wir uns auch bei der Müller-Reitz-Stiftung für die Förderung bei der Erstellung des Buches.

Inhalt

1 Einleitung

In den letzten Jahren hat sich die Beratung von Schülern[1] und Eltern zu einem wichtigen Aufgabenbereich im Schulalltag entwickelt und es ist anzunehmen, dass Beratungsaufgaben in der Zukunft noch bedeutsamer werden (Freylandhoven, 2005; Landesinstitut für Schule und Weiterbildung, 1998; Palmowski, 1995). Lehrpersonen sind dabei oft erste Ansprechpartner: Wenn es Probleme mit dem Lernen gibt, wenn Eltern sich unsicher sind, wie sie ihr Kind unterstützen können oder wenn Entscheidungen über den weiteren Verlauf der Schullaufbahn anstehen. Darüber hinaus sind Lehrkräfte häufig auch erste Ansprechpartner, wenn es um persönliche Probleme – wie etwa Streit mit den Eltern oder Krisen in der Partnerschaft der Eltern – geht. Infolgedessen stehen Lehrpersonen in ihrem Berufsalltag vielfältigen Beratungsanliegen und -aufgaben gegenüber. Ein entsprechender Beratungsauftrag wird auch in der Allgemeinen Dienstordnung für Lehrpersonen (§8), in den Standards der Lehrerbildung (KMK, 2004) sowie z. B. in der Allgemeinen Schulordnung des Landes Nordrhein-Westfalen (§39) formuliert. Der ansteigende Beratungsbedarf der Schüler und Eltern kann dabei auch auf einen allgemeinen gesellschaftlichen Wandel und auf die Ergebnisse von internationalen Schüler-Leistungsvergleichs-Studien wie PISA und IGLU zurückgeführt werden. Die Entscheidungen bei Übergängen im Bildungssystem werden immer komplexer, der Bereich von gewerblichen Schülernachhilfen expandiert, Lernschwierigkeiten und Teilleistungsstörungen werden in der Presse und in Elternratgebern ausgiebig thematisiert.

Eltern sind sich unsicher, welchen Weg sie für die Bildungslaufbahn ihres Kindes einschlagen sollen und wie sie ihr Kind beim Lernen unterstützen können. Daraus resultiert der Wunsch, zu eben diesen Themen durch die Lehrpersonen beraten zu werden. Allerdings werden im Schulalltag Beratungsgespräche oft erst dann geführt, wenn es „brennt" – also dann, wenn es schon fast zu spät ist.

Dabei liegt in Beratungsgesprächen mit Eltern eine große Chance, die Zusammenarbeit zwischen Schule und Elternhaus zu verbessern – eine Chance, die derzeit noch zu selten ergriffen wird. Dabei liegen aus den Vereinigten Staaten von Amerika viele Forschungsergebnisse vor, die zeigen, dass eine in-

1 Wir verwenden Begriffe wie „Schüler" als generisches Maskulinum für beide Geschlechter. Umgekehrt sind in zahlreichen Beispielen mit „Lehrerin" etc. ebenfalls Personen männlichen und weiblichen Geschlechts gemeint. Außerdem haben wir uns mit Begriffen wie „Lehrperson" um geschlechtsneutrale Formulierungen bemüht.

tensive Zusammenarbeit von Eltern und Lehrkräften die psychosoziale und die schulische Entwicklung von Kindern und Jugendlichen positiv beeinflusst. Beratungsarbeit ist hier eine besondere Form der Kooperation und der Zusammenarbeit mit den Eltern – also ein spezieller Bereich der Elternarbeit.

Wir möchten mit diesem Buch einen Beitrag dazu leisten, dass ...

1. die Chance, die in der Zusammenarbeit von Eltern und Lehrern liegt, auch wirklich als Chance wahrgenommen wird – nicht als Belastung;
2. Beratungsgespräche mit Schülern und Eltern als präventive bzw. begleitende Maßnahmen wahrgenommen und angeboten werden – nicht erst dann, wenn es eigentlich schon fast zu spät ist;
3. Lehrpersonen mit einem grundlegenden Handwerkszeug für Beratungsgespräche in Schule und Unterricht ausgestattet werden.

Vor diesem Hintergrund werden wir zunächst die Beratungsarbeit an Schulen betrachten (Kapitel 2) und darstellen, wer wann zu welchen Themen Beratung anbietet und welche Beratungsanliegen Eltern haben (Kapitel 3). Danach werden wir auf theoretische Konzepte zur Beratungskompetenz eingehen (Kapitel 4) und eine Definition für Beratungskompetenz von Lehrkräften ableiten (Kapitel 5). Zusätzlich werden wir wichtige Rahmenbedingungen für die pädagogisch-psychologische Beratung sowie den Erwerb von Beratungskompetenzen beschreiben (Kapitel 6). Die Umsetzung von theoretischen Überlegungen in ein Trainingskonzept wird an einem Beispiel dargestellt; zusätzlich wird die Wirksamkeit des Konzeptes anhand ausgewählter Analyseergebnisse aufgezeigt (Kapitel 7). Der praktische Teil des Buches schließt mit einem Kapitel zu Strategien und Techniken der Gesprächsführung (Kapitel 8) sowie einem Kapitel zu Verhaltensweisen in ausgewählten, vermeintlich schwierigen Gesprächssituationen (Kapitel 9). Abschließend leiten wir im letzten Kapitel des Buches Perspektiven für Praxis und Forschung im Bereich der Beratungskompetenz von Lehrern ab (Kapitel 10).

Silke Hertel und Bernhard Schmitz
Frankfurt am Main und Darmstadt, im April 2010

2 Relevanz von Beratung im Schulalltag

2.1 Rahmenbedingungen der Beratungsarbeit: Beratungsauftrag

2.1.1 Der Beratungsauftrag in der Allgemeinen Schulordnung und der Allgemeinen Dienstordnung für Lehrpersonen

Alle Lehrpersonen sind in ihrem Schulalltag beratend tätig: etwa am Elternsprechtag, bei Schülergesprächen in der Pause oder zu vereinbarten Gesprächsterminen mit Eltern und Schülern. Die Beratung von Schülern und Eltern ist demnach ein wichtiger Aufgabenbereich von Lehrkräften, der zunehmend an Bedeutung gewinnt (siehe Freyaldenhoven, 2005; Gaude, 1989; Landesinstitut für Schule und Weiterbildung, 1998; Palmkowski, 1995). Die Beratungsgespräche finden dabei zunächst meist zwischen Schülern, Eltern und Lehrpersonen statt, manchmal werden auch Schulpsychologen oder Mitarbeiter des Allgemeinen Sozialen Dienstes oder des Jugendamtes hinzugezogen.

Im deutschen Schulsystem sind Lehrpersonen zunächst die Hauptträger der Beratung von Schülern und Eltern (Landesinstitut für Schule und Weiterbildung des Landes Nordrhein-Westfalen, 1998). Ein entsprechender Beratungsauftrag an alle Lehrkräfte wird z. B. in der *Allgemeinen Dienstordnung für Lehrer und Lehrerinnen, Schulleiter und Schulleiterinnen an öffentlichen Schulen* sowie in der *Allgemeinen Schulordnung für Nordrhein-Westfalen* formuliert.

Allgemeine Dienstordnung für Lehrer und Lehrerinnen, Schulleiter und Schulleiterinnen an öffentlichen Schulen (ADO)
RdErl. d. Kultusministeriums v. 20.9.1992
1 C 2.30–11/20–1123/92
§ 8 Information und Beratung
Zu den pädagogischen Aufgaben der Lehrer und Lehrerinnen gehört auch die Information und die Beratung der Schüler und Schülerinnen sowie ihrer Erziehungsberechtigten, an berufsbildenden Schulen und Kollegschulen auch der für die Berufserziehung Mitverantwortlichen (vgl. § 3 Abs. 3 und § 39 ASchO, § 11 Abs. 7 SchMG). Den Schülern und Schülerinnen geben

sie auf Wunsch in einem persönlichen Gespräch Auskunft über ihren Leistungsstand (§ 21 Abs. 5 ASchO).

Lehrer und Lehrerinnen sollen mit Beratungsstellen, insbesondere der Schulberatung und der Berufsberatung, zusammenarbeiten, an berufsbildenden Schulen auch mit der Ausbildungsberatung der zuständigen Stellen nach dem Berufsbildungsgesetz und der Handwerksordnung. Einzelheiten der Zusammenarbeit beschließt die Schulkonferenz (§ 5 Abs. 2 SchMG).

An einem Sprechtag im Schulhalbjahr sowie in Sprechstunden oder in Ausnahmefällen an besonders zu vereinbarenden Terminen stehen die Lehrer und Lehrerinnen den Erziehungsberechtigten und den für die Berufserziehung Mitverantwortlichen für Rücksprachen zur Verfügung (§ 11 Abs. 11 SchMG, § 39 ASchO).

Sind an einer Schule Beratungslehrer oder -lehrerinnen eingesetzt, so ergänzen und intensivieren sie die Beratungstätigkeit der Lehrer und Lehrerinnen (vgl. RdErl. v. 14.10.1985 – BASS 12 – 21 Nr. 4).

Allgemeine Schulordnung (AGSchO) in Nordrhein-Westfalen
§ 39 Elternberatung

(1) Die Schule unterrichtet die Erziehungsberechtigten über die Entwicklung des Schülers und berät den Schüler und die Erziehungsberechtigten.
(2) Zur Beratung der Erziehungsberechtigten sollen die Lehrer in Elternsprechstunden außerhalb des Unterrichts zur Verfügung stehen. In Ausnahmefällen ist es den Erziehungsberechtigten zu ermöglichen, nach vorheriger Vereinbarung den Lehrer auch außerhalb der Sprechstunde aufzusuchen.
(3) Je Schulhalbjahr soll ein Elternsprechtag durchgeführt werden (§ 11 Abs. 11 SchMG). Dieser Sprechtag ist zeitlich so zu legen, daß allen Erziehungsberechtigten die Möglichkeit zu einem eingehenden Gespräch mit den Lehrern des Schülers gegeben wird.
(4) Die Erziehungsberechtigten sind nach Maßgabe des § 11 Abs. 10 SchMG berechtigt, am Unterricht und an sonstigen Schulveranstaltungen teilzunehmen.

In der *Allgemeinen Dienstordnung für Lehrpersonen* (ADO) werden Information und Beratung als pädagogische Aufgaben von Lehrpersonen aufgeführt. Entsprechende Beratungsgespräche sind sowohl im Rahmen eines Sprechtages im Schulhalbjahr als auch zu gesondert vereinbarten Terminen vorgesehen. Es wird explizit darauf hingewiesen, dass die Beratungsangebote von speziell eingesetzten Beratungslehrkräften durch die Beratungstätigkeit der anderen Lehrpersonen im Kollegium ergänzt wird.

In der *Allgemeinen Schulordnung in Nordrhein-Westfalen* wird die Beratung von Eltern ebenfalls als Aufgabe von Lehrpersonen angeführt – zusätzlich zum Elternsprechtag sind hier Sprechstunden für Elterngespräche vorgesehen.

Auch in den *Standards der Lehrerbildung der Kultusministerkonferenz* (KMK, 2004) wird die Beratung von Schülern und Eltern als Tätigkeitsbereich von Lehrpersonen aufgeführt (Kompetenzbereich Beurteilen, Kompetenz 7): „Lehrerinnen und Lehrer diagnostizieren Lernvoraussetzungen und Lernprozesse von Schülerinnen und Schülern; sie fördern Schülerinnen und Schüler gezielt und beraten Lernende und deren Eltern.".

Die Beratung und Information von Schülern und Eltern wird explizit als Aufgabe aller Lehrpersonen formuliert – die Beratungstätigkeit an Schulen wird demnach nicht nur von Lehrpersonen mit einer spezifischen Ausbildung (Beratungslehrerin/Beratungslehrer) übernommen. Kenntnisse und Kompetenzen im Bereich der Schüler- und Elternberatung können also zu den Schlüsselqualifikationen von Lehrpersonen gezählt werden – ebenso wie etwa pädagogische und didaktische Kompetenzen (z. B. Baumert & Kunter, 2006; Rambow & Bromme, 2000).

In den beiden Paragraphen und in den Standards der Lehrerausbildung werden allerdings keine Aussagen dazu getroffen, in welchen Inhalts- und Themenbereichen die Beratungsaufgaben der Lehrkräfte angesiedelt sind.

Im Schulalltag findet sich eine große Vielfalt von Beratungsanliegen von Schülern und Eltern. Sie reichen von

- allgemeinen Nachfragen zum aktuellen Leistungsstand über
- Beratung zur Förderung bei umschriebenen Teilleistungsstörungen (z. B. Legasthenie, Dyskalkulie) bis hin zu
- persönlichen Problemen und Krisen oder
- Sucht- und Drogenproblemen.

Hier wird sichtbar, dass Lehrpersonen ohne spezifische Beratungsausbildung sicherlich nicht alle diese Themen umfassend abdecken können – und dies kann auch nicht erwartet werden.

Bereits die Tatsache, dass es spezifische Ausbildungslehrgänge für Beratungslehrerinnen und -lehrer gibt, zeigt, dass Lehrpersonen durch ihre reguläre Ausbildung eben nicht für die Beratung zu spezifischen Themen qualifiziert werden. Es gilt also zwischen Beratungsanliegen zu unterscheiden, die alle Lehrkräfte wahrnehmen können und solchen, für die es einer speziellen Ausbildung bedarf. Beratungsanliegen wie eine Schullaufbahnberatung oder eine Lernberatung sind Inhaltsbereiche, zu denen Lehrpersonen als Experten für das Lernen auch ohne eine spezifische Beratungslehrerausbildung Gespräche anbieten und durchführen können. Anliegen wie die Beratung in persönlichen Krisen oder zu Sucht- und Drogenproblemen hingegen erfordern neben umfassenden Kenntnissen in diesen Bereichen auch eine intensive Ausbildung in dem Gebiet der Gesprächsführung, der therapeutischen Begleitung von Personen und der Krisenintervention.

Dennoch sind Lehrpersonen auch in schwierigeren Beratungssituationen zunächst oft erste Ansprechpartner für die Schüler und Eltern – deshalb kommt dem 2. Absatz in § 8 der Allgemeinen Dienstordnung für Lehrer und Lehrerinnen, Schulleiter und Schulleiterinnen an öffentlichen Schulen (ADO) besondere Bedeutung zu: Es ist wichtig, dass Lehrkräfte den Kontakt zu Beratungsstellen und -einrichtungen halten, um in schwierigen Beratungsfällen Unterstützung anfordern zu können bzw. die Schüler oder Eltern weiterzuvermitteln.

Im Hinblick auf die zunehmende Bedeutung der Beratungsarbeit an Schulen (s. o.) thematisiert Grewe (2005) die Notwendigkeit des weiteren Ausbaus des Beratungssystems an Schulen, wobei insbesondere präventive und interventionsbezogene Aspekte berücksichtigt werden sollten (Nestmann, 2002; Grewe, 2005). Die Entwicklung einer entsprechenden Beratungskultur an Schulen bedarf einer systematischen Vermittlung von Beratungskompetenz in der Lehreraus- und -weiterbildung (z. B. Freyaldenhoven, 2005; Huschke-Rhein, 1998).

Auf die unterschiedlichen Beratungsanlässe und -situationen, die im Schulalltag auftreten, gehen wir in Kapitel 3.1 ein, eine Übersicht zur Struktur der Beratungsträger und die Aufteilung von Beratungsaufgaben folgt in Kapitel 3.2.

2.1.2 Beratung durch die Lehrperson: Ein Elternwunsch?

In der einschlägigen Literatur finden sich Hinweise darauf, dass Eltern sich Beratung durch die Lehrer wünschen (Freyaldenhoven, 2005; Krumm, 1996; Wild, 2003). Insbesondere im Hinblick auf die Unterstützung des Kindes beim Lernen und den Hausaufgaben äußern Eltern Beratungsbedarf (vgl. Krumm, 1996; Wild, 2003).

Im Rahmen einer Elternbefragung haben wir den Beratungswunsch von Eltern[2] erfasst. Hierbei zeigte sich, dass Eltern der Beratung durch Lehrpersonen einen hohen Stellenwert beimessen. Am wichtigsten beurteilten Eltern die Beratung durch Lehrer zu folgenden Themen:

- Strategien zur Unterstützung des Kindes beim selbstregulierten Lernen,
- Unterstützung des Kindes bei der Vorbereitung auf Tests und Klassenarbeiten,
- Lernstrategien sowie
- Schul- und Leistungsängste.

Vergleichsweise weniger wichtig stuften Eltern die Beratung durch Lehrer zu diesen Aspekten ein:

- Konzentrationsschwierigkeiten,
- Motivationsschwierigkeiten,

2 508 Eltern, deren Kind die Sekundarstufe I an einem Gymnasium besuchte.

- Wechsel der Schulart,
- Suchtproblematiken und
- Unterstützung des Kindes bei den Hausaufgaben.

Die folgende **Abbildung 2.1** zeigt, wie Eltern die Beratung bezüglich der Unterstützung des selbstregulierten Lernens einschätzen.

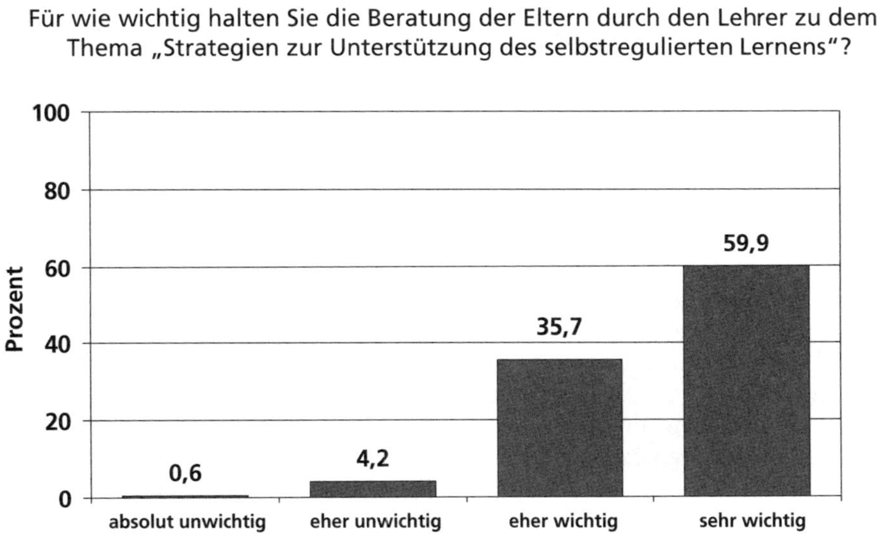

Abb. 2.1: Stellenwert von Beratung zur Unterstützung des selbstregulierten Lernens

Aus der **Abbildung 2.1** wird ersichtlich, dass ca. 95 % der Eltern die Beratung durch den Lehrer zu dem Thema *Strategien zur Unterstützung des selbstregulierten Lernens* als eher wichtig bzw. sehr wichtig einschätzen. Dies weist ganz deutlich auf einen hohen Beratungsbedarf hin.

Allerdings zeigen Studien zur Beratungspraxis im Schulalltag, dass in diesem zentralen Bereich der Zusammenarbeit von Eltern und Lehrpersonen Potenzial liegt, das noch nicht ausgeschöpft wird. Einerseits sind Lehrkräfte zunächst häufig zurückhaltend, wenn es darum geht, Beratungsgespräche anzubieten (Wild, 2003). Oft finden deshalb Gespräche erst dann statt, wenn es zu Vorfällen in der Schule kam bzw. wenn es schon fast zu spät ist, um längerfristig angelegte Maßnahmen zu ergreifen. Andererseits sind Eltern mit den Hinweisen, die sie von den Lehrkräften erhalten, nicht immer zufrieden, können diese nicht umsetzen und fühlen sich wenig unterstützt (vgl. Krumm, 1996).

Die beobachtbare Zurückhaltung auf Seiten von Lehrpersonen, Beratungsgespräche anzubieten, kann zu einem maßgeblichen Anteil auf Defizite in der Lehreraus- und -weiterbildung in diesem Kompetenzbereich zurückgeführt werden. Einen kurzen Überblick über die Einbindung von Beratungskompetenzen in die Lehreraus- und weiterbildung geben wir in Kapitel 7; ein Beispiel für die Konzeption einer entsprechenden Aus- und Weiterbildungsmaßnahme stellen wir in Kapitel 7.1 vor.

2.1.3 Zusammenarbeit zwischen Schule und Elternhaus: Positive Befunde

Die Schule und das Elternhaus sind zentrale Lebensumwelten für die Schülerinnen und Schüler. Helmke (2003) führt in seinem Makromodell der Bedingungsfaktoren schulischer Leistung diese beiden Lebensumwelten als wichtige Einflussgrößen auf die Schulleistung von Kindern an. Die Kooperation von Schule und Elternhaus ist maßgebend für die Erziehung und die schulische Laufbahn des Kindes (vgl. Bernitzke & Schlegel, 2004; Keck, 2001; Landesinstitut für Schule und Weiterbildung, 1998).

Schule und Elternhaus haben einen Erziehungs- und Bildungsauftrag für das Kind, sie tragen gemeinsam die Verantwortung für dessen Entwicklung (Landesinstitut für Schule und Weiterbildung des Landes Nordrhein-Westfalen, 1998). Ohne eine intensive Kooperation können Schule und Elternhaus dieser Verantwortung kaum gerecht werden. Dies zeigt sich in Studien, die die Auswirkungen von intensiver bzw. geringer Zusammenarbeit von Schule und Eltern untersuchen.

Unterscheiden sich Schule und Elternhaus bezüglich der Einstellungen und Werte sowie hinsichtlich der Erwartungen an das Verhalten der Kinder und Jugendlichen, werden das emotionale Wohlbefinden sowie die Leistungsfähigkeit der Kinder und Jugendlichen beeinträchtigt (Arunkumar, Midgley & Urdan, 1999). Durch eine intensive Kooperation von Schule und Elternhaus können bestehende Differenzen in Einstellungen und Werten reduziert werden. Empirische Studien liefern eindeutige Hinweise darauf, dass die Entwicklung des Kindes durch die Qualität der Lehrer-Eltern-Beziehung positiv vorangetrieben wird (Comer, 1988; Epstein, 1991; Reynolds, 1992; Kohl, Weissberg, Reynolds & Kasprow, 1994; Lengua & McMahon 2000). Viele Lehrpersonen teilen diese Einschätzung: Sie sind der Meinung, dass durch Elternkooperation der Lernerfolg der Kinder gesteigert werden könne (Wild, 2003) und halten es für wünschenswert, dass Eltern ihre Kinder unterstützen und an deren schulischer Entwicklung Anteil nehmen (Krumm, 1996).

Die Zusammenarbeit von Schule und Elternhaus ist jedoch häufig unzureichend. Dies kann auch auf Kommunikationsdefizite zwischen Eltern und Lehrern zurückgeführt werden. Die Kooperationsbereitschaft der Lehrpersonen wird zudem durch ihre Zweifel daran beeinträchtigt, dass Eltern das Besprochene umsetzen können. In den USA und den Niederlanden wurden entsprechende Defizite bereits erkannt. In der Folge wurden Programme zur Verbesserung der Lehrer-Eltern-Kooperation entwickelt. In Deutschland gibt es bislang kaum entsprechende Förderprogramme (Wild, 2003).

Eine intensive Vermittlung von Beratungskompetenz in der Lehreraus- und weiterbildung könnte hier ein erster Schritt sein (siehe Kapitel 7).

2.2 Lebenskontexte der Schüler

Um zu verstehen, warum die Zusammenarbeit von Lehrpersonen und Eltern so zentral ist, ist es hilfreich, die Lebenskontexte der Schülerinnen und Schüler zu betrachten. Denn in ihrem Alltag sind diese – ebenso wie Lehrpersonen und alle anderen Menschen – in unterschiedliche Kontexte eingebunden. Um diese Kontexte zu beschreiben und zu systematisieren, kann die Ökologische Systemtheorie von Bronfenbrenner (Bronfenbrenner & Morris, 1998) herangezogen werden. Dieser Ansatz befasst sich insbesondere mit dem Zusammenspiel der einzelnen Systeme und den Übergängen zwischen den Systemen.

Bronfenbrenner unterscheidet vier soziale Systeme, in denen wir uns entwickeln:

1. Das *Mikrosystem* ist das exklusivste System. Es umfasst die Person und einen eingegrenzten Lebenskontext, z. B. die Familie.
2. Das *Mesosystem* beinhaltet das Zusammenspiel der einzelnen Mikrosysteme, z. B. das Eingreifen der Eltern bei Schulschwierigkeiten.
3. Das *Exosystem* beschreibt einen weiteren Rahmen des Lebensumfelds wie entfernte Verwandte und Sozialdienste.
4. Das *Makrosystem* thematisiert Einflüsse wie Bräuche, Normen und Werte, die in einer Kultur vorliegen.

Nach diesem Konzept sind die Familie, die Schule und der Freundeskreis zunächst einzelne Mikrosysteme, in denen die Schüler Erfahrungen sammeln. Die Zusammenarbeit von Lehrpersonen und Eltern kann nach diesem Konzept auf der Ebene des Mesosystems verankert werden, da es hier zu einem Zusammenspiel von Mikrosystemen kommt. Die Betrachtung der einzelnen Mikrosysteme kann in Beratungsgesprächen dabei helfen, zunächst Verhaltensweisen aus anderen Perspektiven zu sehen, zu verstehen und zu erklären und in der Folge Ressourcen zu entdecken und Maßnahmen zu planen. Denn wie wir unsere Umwelt und die sozialen Systeme, in denen wir leben, erleben, hängt von unserer Wahrnehmung ab – und diese ist subjektiv und vorerst nur uns selbst zugänglich. Wir können andere teilhaben lassen, indem wir ihnen von unseren Empfindungen berichten.

In Beratungsgesprächen zwischen Lehrern und Eltern oder Schülern ist es besonders wichtig, dass die Lehrperson einen Zugang zu der subjektiven Sichtweise der betroffenen Personen erhält – nur so kann Beratung erfolgreich sein.

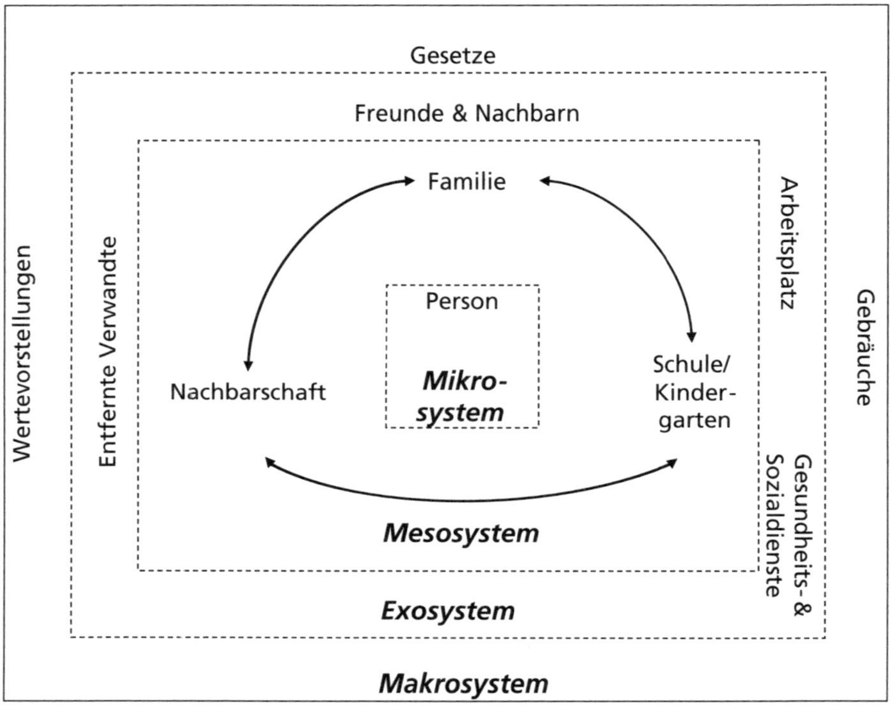

Abb. 2.2: Die vier sozialen Systeme nach Bronfenbrenner (in Anlehnung an Berk, 2005, S. 32)

Nachdem eine Verständigung über die Sichtweisen erfolgt ist und eine gemeinsame Gesprächsbasis gefunden wurde, können Lösungen gesucht und Maßnahmen geplant werden. Hier gilt es, die Stärken und Ressourcen (Handlungsmöglichkeiten) der Schüler und der Eltern herauszuarbeiten und Strategien zu entwickeln, die der Ratsuchende umsetzen kann (siehe Kapitel 4.5). Wichtig bei der Suche nach Stärken und Ressourcen ist es, alle zentralen Lebensumwelten und Erfahrungsfelder einzubeziehen; für Schüler sind dies vor allem die Familie, die Schule und der Freundeskreis. Diese Lebenssysteme und ihre spezifischen Aspekte sollten in Beratungsgesprächen gleichermaßen als mögliche Auslöser für problematisches Verhalten, aber auch als Ressourcenquellen für die Lösungsfindung bedacht werden. Im Folgenden werden diese Lebensbereiche und möglich Ressourcen in diesen Bereichen kurz dargestellt.

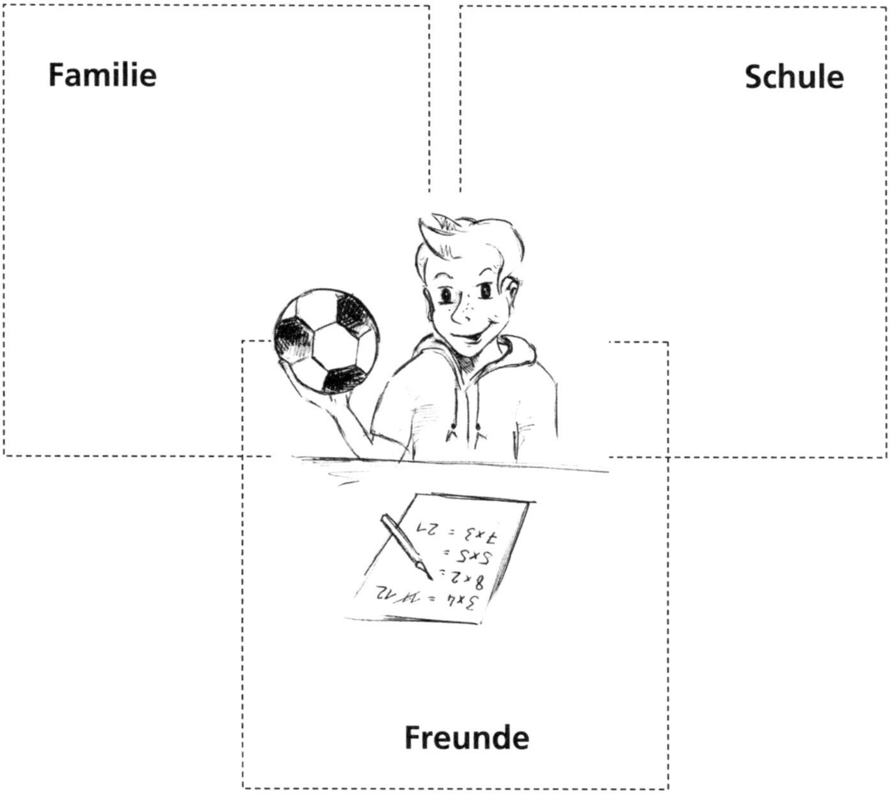

Abb. 2.3: Lebensumwelten und Erfahrungsfelder der Schüler

Lebenswelt Familie

Die Familie ist ein wichtiger und prägender Lebensraum für Kinder. Hier lernen sie schon früh den Umgang mit verschiedensten Situationen. Durch unterstützendes und förderndes Verhalten der Eltern erfährt das Kind, was es schon alles kann und wie es sich neues Wissen aneignet. Im schulischen Bereich erfährt es Lob und Anerkennung für gute Leistungen. Bei Lernschwierigkeiten können Eltern oder ältere Geschwister helfen. Häufig ist es jedoch so, dass Eltern sich nicht die Zeit nehmen können, um ihre Kinder aktiv im Lernprozess zu begleiten, oder sie sich unsicher sind, wie sie ihr Kind beim Lernen und beim Erledigen der Hausaufgaben optimal unterstützen können. Probleme und Streitigkeiten im familiären Umfeld wirken sich oft auch auf das Kind aus. Es wird unruhig, traurig, kann sich nicht gut konzentrieren und es kommt zu einem plötzlich Abfall der Leistungen. Auch, weil dann eine ruhige Lernumgebung zum konzentrierten Arbeiten fehlt. Gleiches gilt, wenn das Kind kein eigenes Zimmer hat, in das es sich ungestört zurückziehen kann, oder einen Arbeitsplatz, an dem es in Ruhe lernen und die Hausaufgaben machen kann. Zusätzlich nehmen die Einstellungen der Eltern zur Schule und der Anspruch, den sie an ihr Kind haben, Einfluss auf sein Verhalten. Eine Einstellung wie z. B. „Ach, Mathe habe ich ja auch nie gekonnt ..." bestätigt das Kind in seiner Einschätzung, an fachspezifischen Schwierigkeiten nichts ändern zu können. Dies führt oft dazu, dass das Kind sich in dem entsprechenden Fach weniger anstrengt.

Von Seiten der Eltern werden in Beratungsgesprächen in der Schule auch positive und negative Erinnerungen an die eigene Schulzeit aktiviert und die Bedeutung, die sie der schulischen Laufbahn ihres Kindes beimessen, tritt besonders hervor. Dies kann im Kontakt mit den Lehrpersonen insbesondere zu Beginn des Beratungsgespräches zu Spannungen führen.

Lebenswelt Schule

Kinder verbringen einen großen Teil des Tages in der Schule. Deshalb ist es vor allem in Bezug auf die schulische Leistung von großer Bedeutung, mögliche Schwierigkeiten schnell zu erkennen und Maßnahmen einzuleiten. Diese Schwierigkeiten können vielfältiger Natur sein: Eine Schülerin kommt im Unterricht einfach nicht mit, da eine bewährte Unterrichtsmethodik für sie weniger gut geeignet ist. Ein anderer Schüler erreicht nur bei seiner Lieblingslehrerin gute Leistungen und ist in anderen Fächern unmotiviert. Die Leistungsanforderungen können – je nach Begabung des Kindes – zu hoch oder zu niedrig sein und dies kann sich ungünstig auf die Lern- und Leistungsmotivation auswirken. Der soziale Status des Kindes innerhalb der Klasse wirkt sich auch auf das Selbstbild im Allgemeinen und auf die Leistungsbereitschaft im Speziellen aus. Und die Befindlichkeit der Lehrerin kann sich auf das Lern- und Leistungsverhalten der Schüler auswirken. Unklarheiten und Konflikte im Kollegium bezüglich der pädagogischen Vorgehensweise oder auch der Schulorganisation wirken belastend auf die Lehrpersonen und können sich im Rahmen einer wenig strukturierten und nicht im Kollegenkreis abgesprochenen Arbeitsweise auf den Schüler übertragen.

Bei Schulschwierigkeiten gibt es innerhalb der Schule gleichzeitig viele Ressourcen: Die Kinder und Jugendlichen haben ihren Freundeskreis in der Regel direkt vor Ort. Soziale Unterstützung durch Peers kann sich positiv auf das Lernverhalten auswirken. Bei Verständnisproblemen kann der Schüler im Unterricht direkt bei der Lehrerin nachfragen oder für die Hausaufgaben und bei der Vorbereitung auf Tests und Arbeiten seine Klassenkameraden um Unterstützung bitten. Zunehmend finden sich auch Formen des interaktiven Austauschs über Chat-Räume und Foren im Internet. Anregende Lehr- und Lernformen und individualisiertes Lernen schaffen eine förderliche Lernumgebung und tragen zu einer guten Leistung des Schülers bei (z. B. Hertel, 2007; Hertel & den Elzen-Rump, 2010).

Lebenswelt Freunde

In der Lebenswelt „Freunde" lernen die Schülerinnen und Schüler im sozialen Vergleich mit Peers den Umgang mit verschiedensten Situationen. Dazu zählen auch das Verhalten in der Schule und Strategien beim Lernen. Besteht im Freundeskreis eine negative Einstellung zum Lernen, so wird sich die einzelne Schülerin dieser wahrscheinlich anpassen, auch wenn sie dann hinter ihrem eigentlichen Leistungsvermögen zurückbleibt. Wenn dann die Schulleistungen schlecht(er) werden, bietet der Freundeskreis Ablenkungsmöglichkeiten, um sich nicht mit den Problemen in der Schule auseinandersetzen zu müssen. Denn im Freundeskreis stellen schulische Probleme dann keine Ausnahme dar. Befinden sich im Freundeskreis hauptsächlich Schüler, die mit wenig Lernaufwand bessere Leistungen erzielen, kann das dazu führen, dass sich die Schülerin unbegabt oder zu schlecht fühlt. Bei einer geringen Frustrationstoleranz fehlt dann schnell die Motivation, sich mit schwierigen Lerninhalten auseinanderzusetzen. In einer solchen Situation können Freunde aber auch unterstützend wirken: Gemeinsames Lernen fällt oft leichter, da man nicht alleine auf ein bestimmtes Ziel hinarbeitet, sondern gemeinsam mit anderen. Auftauchende Probleme und Wissenslücken können in der Gruppe schneller behoben und die gelernten Inhalte durch Gespräche und Diskussionen intensiver bearbeitet und dadurch besser behalten werden. Das Lernen wird unmittelbar sozial unterstützt, belohnt und erfährt dadurch eine positive Bewertung. Immer häufiger verwenden die Schüler auch das Internet als Medium, um sich in Chat-Räumen oder Foren über die Schule und ihre Lehrer auszutauschen.

2.3 Zusammenfassung

Eltern und Schüler zu beraten ist ein wichtiger Bereich im Berufsalltag von Lehrern. Dies lässt sich einerseits aus formalen Vorgaben ableiten, denn der Beratungsauftrag von Lehrpersonen ist in der Allgemeinen Dienstordnung (ADO) und in den Standards der Lehrerbildung der Kultusministerkonferenz (KMK, 2004) festgehalten. Andererseits gibt es einen großen Beratungsbedarf – und zumindest aus der Elternperspektive liegen auch empirische Befunde vor, die diesen untermauern. Es ist zu vermuten, dass die Bedeutung der Beratungstätigkeit von Lehrkräften zukünftig weiter ansteigen wird. Dabei sind die Inhalte der Beratung durchaus vielfältig: Probleme beim Lernen, Verhaltensauffälligkeit und Sucht, Leistungsstand und Schullaufbahn sowie Erziehungsfragen werden in Beratungsgesprächen thematisiert. Insbesondere im Hinblick auf die vielfach aufgezeigten positiven Effekte einer guten Zusammenarbeit von Elternhaus und Schule auf die Leistungsentwicklung des Kindes kommt Beratungsgesprächen eine zentrale Bedeutung zu. Am Beispiel einer Lernberatung soll dieser Zusammenhang kurz dargestellt werden (vgl. **Abb. 2.4**).

Lehrpersonen betreuen das Kind beim Lernen in der Schule, sie gestalten die schulische Lernumgebung und sind Experten für das Lernen. Eltern betreuen das Kind beim Lernen zu Hause, sie gestalten die Lernumgebung zu Hause und verfügen über Strategien zur Unterstützung ihres Kindes. Die Lernkompetenz des Kindes wird demnach sowohl durch die schulische als auch die häusliche

Lernumgebung beeinflusst – wobei günstige und ungünstige Einflüsse vorliegen können. An diesem Beispiel zeigt sich, wie wichtig eine Zusammenarbeit zwischen Eltern und Lehrkräften ist, um für das Kind optimale Lernbedingungen zu schaffen. Die gemeinsame Verantwortung von Lehrern und Eltern für die schulische Entwicklung wird hier deutlich. Eine zentrale Möglichkeit, diese Zusammenarbeit zu fördern und die häusliche Lernumgebung zu optimieren, sind Beratungsgespräche zwischen Eltern und Lehrpersonen.

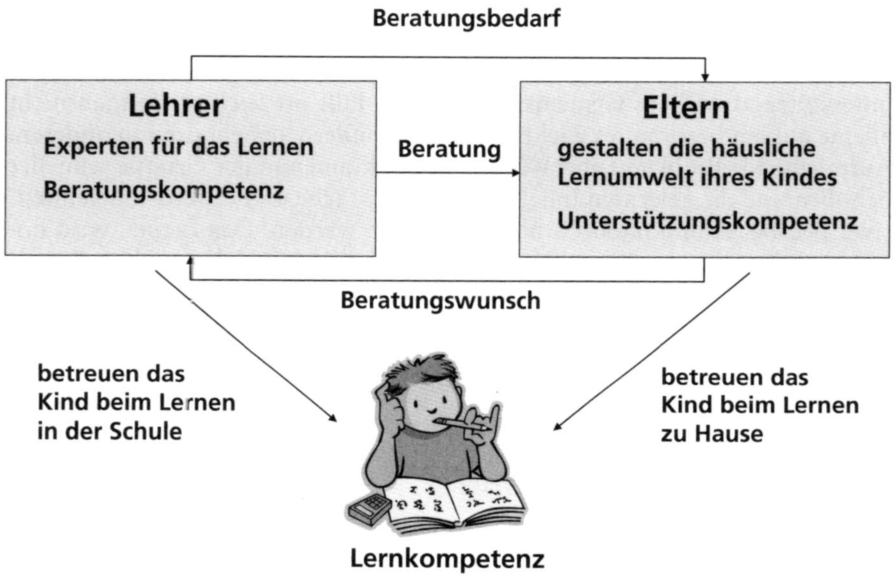

Abb. 2.4: Kontext von Beratungssituationen zwischen Eltern und Lehrern (Hertel, 2009, S. 32)

Allerdings zeigen Studien zur Beratungspraxis an Schulen in Deutschland, dass Elternberatung meist nur an Elternsprechtagen stattfindet und darüber hinaus nur selten eine Zusammenarbeit erfolgt. Dies kann sicherlich zu einem hohen Anteil auf die unzureichenden Aus- und Weiterbildungsangebote für Lehrpersonen im Bereich der Beratungsarbeit zurückgeführt werden. Lehrerinnen und Lehrer geben in Befragungen an, durch ihre Ausbildung nicht ausreichend auf die Beratungsaufgaben im Berufsalltag vorbereitet worden zu sein. Diese Ergebnisse erlangen besondere Relevanz vor dem Hintergrund der häufig formulierten Forderung, das Erlernen von Beratungstechniken solle selbstverständlicher Bestandteil der Pädagogikausbildung sein.

3 Beratungspraxis im Schulalltag

3.1 Beratungsanlässe und Beratungssituationen

Lehrpersonen nehmen bereits sehr viele Beratungsaufgaben wahr; dies ist ein Hinweis auf den hohen Beratungsbedarf von Schülern und Eltern. Die zunehmende Bedeutung von Beratungsgesprächen kann auf die vielschichtigen und rapiden Wandlungsprozesse in unterschiedlichen Lebensbereichen (im gesellschaftlichen, kulturellen und technologischen Bereich) zurückgeführt werden (siehe Palmowski, 1995).

Wichtige Gründe für das Durchführen von Beratungsgesprächen sind nach Hennig und Keller (2000), dass durch effektiv geführte Elterngespräche der Kontakt und die Zusammenarbeit von Elternhaus und Schule verbessert werden können. Dabei können

1. bestehende Ängste, Spannungen und Konflikte abgebaut und
2. der Umgang mit Problemschülern im Schulalltag erleichtert werden, wenn Eltern als Bündnispartner gewonnen werden.

Die positiven Auswirkungen einer guten Zusammenarbeit zwischen Elternhaus und Schule auf die Leistungsentwicklung konnten in vielen empirischen Studien gezeigt werden (z. B. Manz, Fantuzzo & Power, 2004; siehe Kapitel 2.1.3).

Zunächst lassen sich im Schulalltag mindestens fünf Beratungsanlässe unterscheiden, denen wiederum spezifische Beratungsthemen zugeordnet werden können: 1. Lernberatung, 2. Verhaltensauffälligkeit und Sucht, 3. klassische Schullaufbahnberatung, 4. Erziehungsberatung und 5. Beratung in persönlichen Krisen. In **Tabelle 3.1** sind die zentralen Beratungsthemen dieser fünf Beratungsanlässe aufgeführt.

In Lernberatungssituationen beraten Lehrpersonen zur Anwendung von Lernstrategien und zu Möglichkeiten der Unterstützung des Kindes beim Lernen durch die Eltern. Hier können die Bedürfnisse von Kindern mit unterschiedlichen Lerngewohnheiten gleichermaßen thematisiert werden wie die verschiedenen Möglichkeiten und Strategien der Eltern zur Unterstützung ihres Kindes beim Lernen. Entsprechende Hintergrundinformationen und Kenntnisse von Strategien lassen sich z. B. aus der pädagogisch-psychologischen Forschung und der erziehungswissenschaftlichen Forschung ableiten.

Im Hinblick auf Lernstrategien, die Gestaltung der Lernumgebungen und die Unterstützungsmöglichkeiten von Eltern lassen sich z. B. aus dem Ansatz des selbstregulierten Lernens Hinweise und Strategien ableiten, deren Wirksamkeit wissenschaftlich nachgewiesen werden konnte (siehe Exkurs S. 27). Zudem gewinnt die Beratung von Eltern zu Teilleistungsstörungen von Kindern (Legasthenie, Dyskalkulie), insbesondere im Primarbereich und in den ersten Jahren der Sekundarstufe I, zunehmend an Bedeutung.

Tab. 3.1: Beratungsanlässe und Beratungsthemen im Schulalltag

Beratungsanlässe	**Beratungsthemen**
1. Lernberatung	Lernstrategien Unterstützung des Kindes beim Lernen Gestaltung der häuslichen Lernumgebung Spezifische Teilleistungsschwächen (z. B. ADHS, LRS)
2. Verhaltensauffälligkeit und Sucht	Unangepasstes Sozialverhalten Soziale Ängste Schul- und Leistungsängste Suchtproblematiken
3. Klassische Schullaufbahnberatung	Leistungsstand Wechsel der Jahrgangsstufe (Rückstufung, Überspringen) Wechsel der Schulart
4. Erziehungsberatung	Beratung zu allgemeinen Erziehungsproblemen
5. Persönliche Krisen	Probleme im Freundeskreis Streit mit den Eltern Scheidung der Eltern Gescheiterte Partnerschaft/Beziehungskrise Tod eines engen Freundes Tod eines Familienmitglieds

Diese Themen haben in den letzten Jahren ein breites öffentliches Interesse erlangt und werden in der Presse oft thematisiert. Informierte Eltern treten nunmehr immer häufiger auch mit Fragen zur Förderung ihres Kindes beim Lernen bzw. beim Verdacht auf eine Teilleistungsstörung an Lehrpersonen heran. Letztere sind hier als Experten für das Lernen wichtige Ansprechpartner für Schülerinnen und Schüler sowie für Eltern.

Exkurs: Selbstreguliertes Lernen

Das selbstregulierte Lernen ist in den letzten Jahren sehr stark in das Interesse aller an Schule und Bildung Beteiligten gerückt und wird vielfach öffentlich thematisiert. Dies ist sicherlich auch eine Folge des nicht zufriedenstellenden Abschneidens der Schüler an Schulen in Deutschland bei internationalen Vergleichsstudien wie TIMSS, PISA und IGLU.

Selbstreguliert zu lernen bedeutet, über das eigene Lernverhalten nachzudenken, motiviert an das Lernen heranzugehen und Lern- und Arbeitsstrategien effizient einzusetzen. Durch die rapiden Veränderungen in den Wissensanforderungen und vor dem Hintergrund des lebenslangen Lernens wird die Kompetenz, sich selbstreguliert Lernen und Wissen aneignen zu können, besonders wichtig. In den letzten Jahren wurden viele theoretische Modelle entwickelt, um das selbstregulierte Lernen zu beschreiben. An dieser Stelle wird das Modell des selbstregulierten Lernens nach Schmitz & Wiese (2006) bzw. Schmitz und Schmidt (2007) dargestellt, da es sich in vielen Trainingsstudien mit Schülern, Eltern und Lehrern bewährt hat.

Nach Schmitz und Schmidt (2007) lassen sich drei Phasen des selbstregulierten Lernens unterscheiden: 1. die Phase vor dem Lernen (präaktional), 2. die Phase während des Lernens (aktional) und 3. die Phase nach dem Lernen (postaktional). Die Phasen folgen nacheinander und sind verknüpft, d. h. die Handlungen vor dem Lernen wirken sich auf die Handlungen während des Lernens aus, und diese beeinflussen wiederum die Phase nach dem Lernen. Die Überlegungen, die in der Phase nach dem Lernen angestellt werden, wirken sich dann wieder auf den nächsten Lernprozess aus.

In allen drei Phasen sind verschiedene Aspekte besonders wichtig und es werden spezifische Handlungen initiiert. In der Phase vor dem Lernen überlegen die Schüler, mit welchen Strategien sie an die Aufgaben herantreten wollen. Während des Lernens werden die Strategien angewendet und die Strategiedurchführung wird „überwacht". So kann das Verhalten direkt in der Lernsituation noch einmal angepasst werden. Nach dem Lernen überlegen die Schüler, was sie gut gemacht haben und wo sie sich noch verbessern können. Zudem suchen sie nach Ursachen für das Ergebnis.

Die Regulation des Lernens erfolgt durch den zirkulären Charakter der aufeinander folgenden Phasen (Planung, Überwachung, Reflexion) des Lernens. Dabei ist Lernen als kumulativer Prozess zu verstehen, der sich über mehrere Lernsituationen erstreckt.

Eltern und auch Lehrpersonen sind bei der Vermittlung von selbstreguliertem Lernen wichtig. Bereits vor dem Schuleintritt bekommen Kinder von ihren Eltern wichtige Inhalte vermittelt und Eltern sind mit ihrem Verhalten ein Modell für ihre Kinder (Soziales Lernen, Bandura, 1986). Unterstützungsmöglichkeiten der Eltern beim Lernen lassen sich z. B. aus dem Elternmodell (Bruder, Perels & Schmitz, 2004; Miethner, Schmidt & Schmitz, 2008) ableiten. Lehrpersonen sind ebenfalls mit ihrem Verhalten ein Modell für die Schülerinnen und Schüler, zudem können sie durch Arbeitsanweisungen und die Gestaltung von Lernumgebungen das selbstregulierte Lernen ihrer Schüler unterstützen und fördern. Ein Lehrertraining zur Förderung der Selbstregulationskompetenz von Schülern im Unterricht findet sich z. B. bei Hertel (2007), einen Überblick über Trainingsprogramme und Förderansätze zum selbstregulierten Lernen geben Landmann und Schmitz (2007). Die Wirksamkeit entsprechender Trainingsprogramme konnte in vielen Studien gezeigt werden.

Unter den Beratungsanlass *Verhaltensauffälligkeit und Sucht* fallen Beratungen zu unangepasstem Sozialverhalten wie etwa aggressives Verhalten, distanzloses Verhalten, Mobbing und Bedrohung von Mitschülern oder Lehrpersonen. Aber auch soziale Ängste, auffällige Zurückgezogenheit, Isolation des Kindes sowie Schul- und Leistungsängste sind Verhaltensauffälligkeiten, die Anlass für eine Beratung sein können. Vor allem die Angst, vor Tests und Arbeiten zu versagen (Prüfungsangst), wird in der öffentlichen Diskussion zunehmend thematisiert und kann bereits im Grundschulalter auftreten. Im Sekundarbereich kommen dann verstärkt auch Suchtprobleme, insbesondere der Konsum von Alkohol und Drogen, als wichtige Themenbereiche für die Beratung hinzu. Allerdings gibt es an vielen Schulen bereits Lehrpersonen, die für Beratungsaufgaben insbesondere im Bereich von Suchtproblematiken ausgebildet sind.

Zu der *klassischen Schullaufbahnberatung* gehören all jene Beratungsthemen, die zunächst mit der Beratung durch Lehrpersonen in Verbindung gebracht werden: Fragen zum Leistungsstand des Kindes, zum Wiederholen bzw. Überspringen einer Jahrgangsstufe und Fragen zum Wechsel der Schulart. Diese Beratungsthemen werden häufig an Elternsprechtagen angesprochen. Beratungen zur Einschulung und zum Wechsel der Schulart sind insbesondere im Primarbereich relevant. Die Beratungsgespräche zur Wahl der weiterführenden Schule sind in einigen Ländern Deutschlands ein wichtiger Entscheidungspunkt für die weitere Schullaufbahn des Kindes. Hier treffen oft unterschiedliche Einschätzungen von Lehrern und Eltern aufeinander; nicht selten kommt es zu Konflikten aufgrund unterschiedlicher Standpunkte.

Die Themen, die im Rahmen einer *Erziehungsberatung* angesprochen werden, sind häufig sehr sensibel und bedürfen einer besonderen Feinfühligkeit von Seiten der beratenden Lehrperson. Oft sind die Inhalte in der Erziehungsberatung an Verhaltensauffälligkeiten oder Suchtproblematiken geknüpft. In entsprechenden Beratungssituationen werden Vorgehensweisen, Aufgaben und Kompetenzen von Eltern im Erziehungsprozess offengelegt und besprochen. Es wird ein Zusammenhang zwischen dem Verhalten der Eltern und den Auffälligkeiten der Kinder aufgezeigt. Dies ist weder für die Lehrpersonen noch für die Eltern eine angenehme Situation, die häufig mit Spannungen in der Kommunikation einhergeht. Zunächst sind Lehrpersonen sicherlich auch bei Themen aus dem Bereich der Erziehungsberatung erste Ansprechpartner für Eltern. Dennoch sollten hier schnell auch Experten von Erziehungsberatungsstellen in den Beratungsprozess eingebunden werden, die auf entsprechende Anliegen spezialisiert sind.

Zu den größten Herausforderungen, denen Lehrpersonen in Beratungssituationen gegenüberstehen, zählt sicherlich die Beratung in *persönlichen Krisensituationen*. Denn nicht selten sind sie – ohne eine entsprechende Ausbildung erhalten zu haben – erste Ansprechpartner für Schüler und Eltern. Für Schüler können Lehrpersonen Vertrauenspersonen in Situationen sein, in denen sie sich sonst zunächst niemandem anvertrauen wollen. Dies können Probleme im Freundeskreis sein, Streit mit den Eltern, Eheprobleme oder Trennung der Eltern bis hin zu traumatischen Erlebnissen wie z. B. Missbrauchserfahrungen, der Tod eines Freundes oder eines Familienangehörigen. Auch für Eltern ist die Lehrperson oft die erste Kontaktperson, wenn es Probleme in der Ehe oder auch im Beruf gibt bzw. wenn psychische Probleme bestehen. Der Weg zu einer Lehrperson fällt hier zunächst leichter als der zu einer Beratungsstelle oder zu einem Psychologen. Dabei werden Fragen zum Leistungsstand des Kindes oder zur schulischen Situation zunächst vorgeschoben, die eigentlichen Beratungsanliegen treten dann im Laufe des Gesprächs zum Vorschein. Entsprechende Situationen sind für Lehrpersonen zunächst deshalb herausfordernd, weil die Thematik überraschend und unverhofft wechselt und häufig auch mit starken Emotionen einhergeht. Zudem werden Lehramtsstudierende kaum auf solche Situationen in ihrem späteren Beruf vorbereitet. Wichtig ist hier, dass Lehrpersonen über ein Repertoire an Strategien verfügen, die sie in solchen Situationen anbringen können, um das Gespräch erfolgreich zu führen. Danach sollte die weitere Beratung auf jeden Fall an externe Beratungsdienste wie Beratungsstellen oder psychologische Psychotherapeuten übergeben werden. Eine Auswahl solcher kritischen Beratungssituationen und möglicher Handlungsstrategien werden in Kapitel 9 beschrieben.

Exkurs: Einblick in die Beratungspraxis – Welche Themen werden in Beratungssituationen an Gymnasien angesprochen?
Im Rahmen einer Befragung von Lehrpersonen am Gymnasium haben wir unter anderem danach gefragt, wie häufig Lehrpersonen zu ausgewählten Themen beraten. Es wurden folgende 19 Beratungsthemen vorgegeben:

Leistungsstand, unangepasstes Sozialverhalten, Umgang der Eltern mit Leistungsergebnissen, Konzentrationsschwierigkeiten, Strategien zur Unterstützung beim selbstregulierten Lernen, Unterstützung des Kindes bei der Vorbereitung auf Tests und Arbeiten, Motivationsschwierigkeiten, Lernstrategien, Unterstützung bei den Hausaufgaben, soziale Ängste, Schul- und Leistungsängste, Klassenwechsel, Hilfestellung für die Anleitung zur Selbstüberwachung des Lernens, Formulieren von Lernzielen, Wechsel der Schulart, Teilleistungsstörungen (z. B. Lese-Rechtschreib-Schwäche, Dyskalkulie), Erziehungsberatung, Suchtproblematiken, spezifische Anliegen ausländischer Eltern.

Den Lehrpersonen stand eine vierstufige Skala zur Einschätzung der Beratungshäufigkeit zur Verfügung (nie, selten, häufig, sehr häufig). Die Auswertungen zeigten, dass Lehrkräfte am häufigsten zum Leistungsstand der Schüler, zu ihrem Sozialverhalten sowie zum Umgang der Eltern mit Leistungsergebnissen beraten. Am seltensten findet nach ihren Angaben Beratung zu spezifischen Teilleistungsschwächen, Erziehungsproblemen, Suchtproblematiken sowie zu besonderen Anliegen ausländischer Eltern statt. Allerdings lassen Angaben zur Häufigkeit von Themen in der Beratungsarbeit keine direkten Rückschlüsse auf die eingeschätzte Wichtigkeit der Beratung zu den entsprechenden Themen durch die Lehrpersonen zu. Vielmehr ist anzunehmen, dass es durchaus Diskrepanzen zwischen der Beratungshäufigkeit und der wahrgenommenen Wichtigkeit von Themen in der Beratung gibt (siehe Hertel, Schmitz & Dinkel, 2009).

3.2 Beratungsträger

Wie bereits in Kapitel 2 dargestellt, sind alle Lehrpersonen im Schultag beratend tätig. Die Beratungsanliegen und die angesprochenen Themen wurden in Kapitel 3.1 ausführlich behandelt. Sie sind sehr vielseitig, und auch wenn Lehrpersonen zunächst oft die ersten Ansprechpersonen sind, sollten sie keine Hemmungen haben, externe Beratungsstellen und Psychologen oder andere Beratungsinstanzen hinzuzuziehen. Dabei ist es hilfreich, sich zu verdeutlichen, dass die Beratungsaufgaben im deutschen Schulsystem auf unterschiedliche Beratungsträger aufgeteilt sind. Das *Landesinstitut für Schule und Weiterbildung des Landes Nordrhein-Westfalen* (1998, S. 32) unterscheidet hierbei zwischen drei thematischen Bereichen der Beratung: 1. Beratung verknüpft mit schulfachlichen und -aufsichtlichen Aufgaben, 2. Beratung als integrierter Bestandteil unterrichtlicher und erzieherischer Aufgaben sowie 3. Beratung als spezifische professionelle Aufgabe (siehe **Abb. 3.1**).

Beratungsanlässe, die mit *schulfachlichen und -aufsichtlichen Aufgaben* verknüpft sind, werden von der Schulleitung und von Beamten der Schulaufsicht übernommen. Aus schulaufsichtlicher Perspektive handelt es sich hierbei insbesondere um die Beratung von Schulleitern bei der Entwicklung und Umsetzung von innovativen Konzepten bzw. Schulprogrammen, die zu einer Schulentwicklung und Steigerung der Schulqualität führen sollen. Genau genommen ist dies eine Maßnahme der Organisationsentwicklung, die durch externe Experten (Schulaufsicht) begleitet wird. Aus der Perspektive der Schulleitung wird die Beratungstätigkeit hier als ein Führungsinstrument eingeordnet, auf das bei dienstlichen, persönlichen und personalrechtlichen Anliegen der Lehrpersonen im Kollegium zurückgegriffen werden kann. In Beratungsgesprächen zwischen dem Schulleiter und den Lehrpersonen kann sowohl Lob und Annerkennung ausgesprochen, als auch in einem geschützten Rahmen konstruktive Kritik gegeben werden. Vor diesem Hintergrund kann Beratung auch als Instrument zur Steigerung der Unterrichtsqualität an der Schule und damit letztlich auch zur Steigerung der Schulqualität eingeordnet werden. Dabei sind Beratungssituationen zwischen der Schulleitung und den Lehrkräften oft auch mit Span-

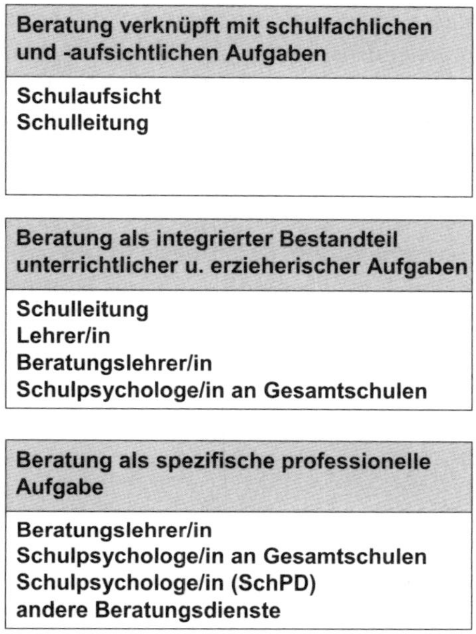

Abb. 3.1: Beratungsträger und Beratungsangebote im schulischen Kontext (Hertel, 2009, S. 24)

nungen verbunden, da die Schulleitung von den Lehrpersonen häufig als Beurteilungsinstanz wahrgenommen wird.

Sowohl durch Impulse der Schulaufsicht als auch durch die Schulleiterinnen und Schulleiter, die mit ihrem Beratungsverhalten Maßstäbe für die Beratungsarbeit an Schulen legen und einen zeitlich-organisatorischen Rahmen für die Beratung von Eltern und Schülern einrichten können, kann eine Beratungskultur an Schulen gefördert und unterstützt werden (Landesinstitut für Schule und Weiterbildung des Landes Nordrhein-Westfalen, 1998).

Viele der in Kapitel 3.1 beschriebenen Beratungsanliegen fallen in einen Beratungsbereich, der als *integrierter Bestandteil von unterrichtlichen und erzieherischen Aufgaben* aufgefasst werden kann. Schulleiter, Lehrpersonen mit und ohne Beratungslehrerausbildung sowie Schulpsychologen beraten Eltern und Schüler zur Schullaufbahn, zu Lernschwierigkeiten, zu Suchtproblematiken, zu Verhaltensauffälligkeiten und zu vielen anderen Themen, die direkt mit dem Schulalltag in Verbindung stehen. Sie trösten, loben, kritisieren, vermitteln, schlichten und bieten Halt in persönlichen Krisen. Beratung in diesem Sinne erfüllt präventive, kurative und rehabilitative Funktionen.

Die Schulleitung berät Lehrpersonen z. B. zur Unterrichtsgestaltung oder zum Umgang mit auffälligen Schülern und ist Ansprechpartner für Eltern und Schüler im Fall von Beschwerden über eine Lehrperson. Hier ist Beratung ein Instrument der Führung und der Qualitätsentwicklung. Allerdings beraten sich Lehrpersonen auch untereinander zu diesen Themen.

Einige Beratungsanlässe erfordern eine Beratung als *spezifische professionelle Aufgabe*. Eine entsprechende Beratung kann dann nur von einem professionellen Berater mit einer spezifischen Ausbildung durchgeführt werden. Im schulischen Umfeld sind dies zunächst Beratungslehrer, Schulpsychologen oder Beratungsdienste, die mit der Schule zusammenarbeiten. In diesen Beratungsbereich fallen z. B. Sucht- und Drogenberatung, Beratung bei umschriebenen Teilleistungsstörungen, Verhaltensauffälligkeiten und psychischen Erkrankungen aber auch Erziehungsberatung. Beratungslehrern kommt hier die Funktion zu, eine erste Hilfestellung zu geben und dann an Therapeuten und Beratungsstellen weiterzuvermitteln. Zudem können sie ihre Kollegen ohne spezifische Beratungslehrerausbildung unterstützen, indem sie Beratungsmöglichkeiten und -vorgehensweisen aufzeigen und somit ihren Kollegen beratend zur Seite stehen. Ein zusammenfassender Einblick in die Beratungslehrerausbildung wird in Kapitel 7 gegeben.

3.3 Grundlagen der Beratung

Die Beratung kann nur erfolgreich sein, wenn sie sich an festgelegten Grundlagen zur Zusammenarbeit von Ratsuchendem und Berater orientiert.

In Anlehnung an Honal und Schlegel (2002) können die folgenden vier Aspekte als zentrale Grundlagen der Beratung aufgefasst werden:

- Freiwilligkeit,
- Unabhängigkeit,
- Vertrauensverhältnis und Vertraulichkeit sowie
- Professionalität.

Die *Freiwilligkeit* drückt sich zum Beispiel darin aus, dass Schüler sowie Eltern die beratende Lehrperson eigenständig auswählen, wenn sie nach einem Beratungstermin fragen. Jedoch können im Schulalltag auch Beratungssituationen auftreten, in denen die Annahme der Freiwilligkeit vergleichsweise eingeschränkt ist. Allerdings können Schüler, Eltern und Lehrer auch darüber entscheiden, ein begonnenes Beratungsgespräch abzubrechen oder es fortzuführen. Lehrpersonen, die die Beratung durchführen, sollten möglichst *unabhängig* von externen Einflüssen (z. B. der Schulleitung) beraten können. Sie sollten keine bzw. möglichst wenige Entscheidungsrichtungen vorgegeben bekommen, sondern diese im Gespräch mit der Schülerin bzw. dem Schüler und/oder den Eltern gemeinsam erarbeiten. Das *Vertrauensverhältnis* und die *Vertraulichkeit* der Informationen und Angaben in dem Beratungsgespräch sind wichtige Voraussetzungen für den Erfolg der Beratung. Wenn ein Vertrauensverhältnis besteht, werden wichtige Informationen bereitwilliger preisgegeben, die Lehrperson kann bis zum Schüler und/oder den Eltern durchdringen. Auch wohlgemeinte Hilfestellungen werden dann nicht angenommen und verpuffen ohne Wirkung. Durch *Professionalität* in der Beratungssituation, also geschickte Gesprächsführung, das Verfolgen von Beratungsstrategien und spezifischen Verhaltensweisen, können Lehrpersonen bereits in den ersten Minuten dazu beitragen, dass sich Vertrauen zwischen ihnen und dem Schüler und/oder den Eltern aufbaut und die Beratung einen günstigen Verlauf nimmt (siehe Kapitel 8). Wichtige Kompetenzen, über die beratende Lehrpersonen verfügen sollten, werden in Kapitel 5.3 beschrieben.

3.4 Beratungskonstellationen

So vielfältig, wie die Beratungsanlässe im Schulalltag sind, so vielfältig sind auch die Konstellationen, in denen Beratungsgespräche stattfinden.

Im Kontext von Beratung an Schulen lassen sich nach Wöhler (1990) vier Beratungskonstellationen unterscheiden:

- Beratung von Schülerinnen und Schülern (einzeln oder in Gruppen),
- Beratung von Eltern,
- Beratung von Familien,
- Beratung von bzw. unter Kollegen.

Bei einer *Beratung von Schülerinnen und Schülern* finden Gespräche zwischen den betroffenen Schülern und der Lehrperson statt. Die angesprochenen Themen sind oft sehr sensibel, wie z. B. die Beratung bei Sucht- und Drogenproblemen oder eine Beziehungskrise der Eltern (siehe Kapitel 3.1) und bedürfen eines besonderen Fingerspitzengefühls seitens der beratenden Lehrperson. Eine besondere Problematik ergibt sich dann, wenn die beratende Lehrperson gleichzeitig auch Klassenlehrerin bzw. Klassenlehrer ist – denn hier kann sich schnell ein Rollenkonflikt ergeben. Lehrpersonen sind dann gleichzeitig Erzieher, Beurteiler und Berater. Diese Rollen lassen sich allerdings nicht immer ohne weiteres vereinbaren (Grewe, 2005).

Die *Beratung von Eltern* erfolgt bei Gesprächen am Elternsprechtag oder bei gesondert vereinbarten Gesprächsterminen. Häufige Fragestellungen sind die schulische Entwicklung des Kindes, die Planung der weiteren Schullaufbahn und die Möglichkeiten der Eltern, ihr Kind zu unterstützen. Diese Beratungsthemen fallen zunächst eindeutig in den Kompetenz- und Beratungsbereich von Lehrpersonen und verlaufen meistens vergleichsweise reibungslos.

Oft sind Verhaltensauffälligkeiten und Vorfälle an der Schule die Ursache für Gespräche mit den Eltern. Bei solchen Beratungsanlässen sind die Gespräche meist konfliktbehaftet, der Gesprächsverlauf ist weniger harmonisch und die Leitung des Gesprächs erfordert viel Fingerspitzengefühl, persönliche Abgrenzung und das Einnehmen einer Metaperspektive. Auch hier können Rollenkonflikte bei der beratenden Lehrperson auftreten. In sehr schwierigen Beratungsfällen ist es hilfreich, eine Kollegin oder einen Kollegen zum Gespräch hinzuzuziehen, ggf. kann auch der Allgemeine Soziale Dienst oder eine Schulpsychologin an dem Gespräch beteiligt werden. Allerdings sollten hier die Eltern zuvor informiert werden.

Eine *Beratung von Familien* findet dann statt, wenn zu einem Gesprächstermin sowohl die Eltern als auch die Schülerin erscheinen. Auch bei solchen Gesprächen können sowohl Aspekte der Schullaufbahnberatung, der Lernberatung oder auch Verhaltensauffälligkeiten behandelt werden. Solche Gespräche können im Allgemeinen als sehr effektiv beurteilt werden, da alle Beteiligten gemeinsam an einer Lösung arbeiten und niemand ausgeschlossen wird. Zudem sind dann alle Beteiligten auf dem gleichen Informationsstand – dies ist insbesondere bei Verhaltensauffälligkeiten und Vorfällen in der Schule zentral, um geplante Maßnahmen abzustimmen und mit der erforderlichen Konsequenz umzusetzen. Wenn sich die beratende Lehrperson als alleiniger Berater in einer solchen Situation eher unsicher fühlt, sollten nach Rücksprache mit den Eltern und der Schülerin Kollegen bzw. der Schulpsychologische Dienst oder der Allgemeine Soziale Dienst hinzugezogen werden.

Eine *Beratung von bzw. unter Kollegen* ist im Schulalltag sicherlich genauso wichtig wie die Beratung von Schülern und Eltern. Themen einer Beratung unter Kollegen sind dabei z. B. die Gestaltung von Unterricht und Unterrichtseinheiten, Hinweise zur Vorgehensweise mit einem schwierigen Schüler, der Austausch von Erfahrungen mit Unterrichtsmaterialien und ähnlichem. Auch die Beratung durch und mit der Schulleitung sind hierbei zentrale Aspekte der Führungsaufgaben. Dabei können Aspekte der Unterrichtsplanung und -gestaltung, aber auch persönliche Anliegen der Lehrpersonen thematisiert werden.

3.5 Gründe für das Scheitern von Beratungsgesprächen

Beratungsgespräche verlaufen nicht immer erfolgreich und zur Zufriedenheit von Ratsuchenden und Beratern. Um die Beratungssituation an Schulen zu verbessern und Trainings-Elemente für die Aus- und Weiterbildung von Lehrpersonen im Bereich der (Eltern-)Beratung zu entwickeln, ist es wichtig zu wissen, warum manche Beratungsgespräche nicht erfolgreich verlaufen. Balser (1993) führte dazu eine Befragung von Eltern, Lehrpersonen und Schülern durch, die Ursachen und Gründe für das Scheitern von Beratungsgesprächen erfasst. Die Ergebnisse der Studie von Balser (1993) sind in **Tabelle 3.2** aufgeführt.

Tab. 3.2: Gründe für das Scheitern von Beratungsgesprächen (Balser, 1993, S. 78)

Gründe für das Scheitern von Beratungsgesprächen (Anteil in %, Mehrfachnennungen möglich)	
1. Auf der eigenen Meinung beharren	76
2. Sich nicht in den andern versetzen	57
3. Vorschnell eingenommen sein	33
4. Emotional belastet sein	28
5. Persönliche Antipathien haben	28
6. Unter Zeitdruck stehen	28
7. Nicht zuhören	23
8. Angst vor dem Gespräch haben	18
9. Unsicherheit empfinden	18

Die befragten Eltern, Schüler und Lehrkräfte sehen insbesondere in dem Beharren auf der eigenen Meinung (76 %) und in Schwierigkeiten bei der Perspektivenübernahme (sich in den anderen versetzen, 57 %) zentrale Ursachen für das Scheitern von Beratungsgesprächen. Demnach sind insbesondere Kompetenzen in den Bereichen der Kooperation und des Eingehens auf den Gesprächspartner wichtig für eine erfolgreiche Beratung. Aber auch persönliche Aspekte wie emotionale Belastung (28 %), Antipathien (28 %), Angst vor dem Gespräch (18 %) und Unsicherheit (18 %) können zu einem ungünstigen Gesprächsverlauf führen. Diese Aspekte können im Rahmen der Aus- und Weiterbildung thematisiert werden – Verhaltensstrategien, die diesen Problembereichen entgegenwirken, können eingeübt werden (siehe Kapitel 8 und Kapitel 9).

Knapp ein Drittel der Befragten sieht zudem in den Rahmenbedingungen für Beratungsgespräche – insbesondere unter Zeitdruck – einen wichtigen Faktor für das Scheitern einer Beratung. Dies ist auf Schulebene ein wichtiger Aspekt der Organisationsentwicklung und auch auf der Ebene des Bildungssystems von Relevanz. Hier können Form, Raum und Rahmen für Beratungsgespräche definiert, festgelegt und eingeräumt werden.

Nicht weniger interessant ist es allerdings, zusätzlich zu den Gründen für das Scheitern auch Gründe für das Gelingen von Beratungsgesprächen zu untersuchen. Dabei kann sowohl bei den Kompetenzen der beratenden Lehrperson als auch bei Rahmenbedingungen an der Schule (feste Sprechzeiten, Beratungsraum, Beratungskonzept) angesetzt werden.

3.6 Zusammenfassung

Im Schulalltag finden häufig Beratungsgespräche statt; der Beratungsbedarf von Schülern und Eltern ist sehr hoch. Dies kann sicherlich auch auf die vielschichtigen und schnellen Veränderungsprozesse in unterschiedlichen Lebensbereichen (im gesellschaftlichen, kulturellen und technologischen Bereich) zurückgeführt werden.

Die unterschiedlichen Beratungsanlässe im Schulalltag lassen sich in fünf Bereiche unterteilen: Lernberatung, Verhaltensauffälligkeit und Sucht, klassische Schullaufbahnberatung, Erziehungsberatung und Beratung in persönlichen Krisen. Lehrpersonen nehmen dabei einen großen Teil dieser Beratungsaufgaben wahr. Zusätzlich gibt es weitere Beratungsträger, die je nach Beratungsanlass ebenfalls Beratungsaufgaben übernehmen. Dazu zählen die Schulleitung, die Schulaufsicht, Schulpsychologen an den Schulen bzw. der Schulpsychologische Dienst sowie Beratungslehrer mit spezifischer Ausbildung.

Neben den unterschiedlichen Beratungsanlässen lassen sich auch unterschiedliche Beratungskonstellationen finden. Die Beratungsgespräche können mit Schülern bzw. Gruppen von Schülern, Eltern, Familien oder unter Kollegen stattfinden. Unabhängig von der Beratungskonstellation lassen sich für alle Beratungsgespräche im schulischen Kontext vier zentrale Aspekte für die Beratung aufzeigen: die Freiwilligkeit, die Unabhängigkeit, die Vertraulichkeit sowie die Professionalität. Gründe für das Scheitern von Beratungsgesprächen werden häufig im Bereich der Professionalität des Beraters gesehen (z. B. Beharren auf der eigenen Meinung, Schwierigkeiten bei der Perspektivenübernahme). Entsprechende Aspekte einer professionellen Beratungskompetenz können im Rahmen von Trainingsprogrammen erworben werden (siehe Kapitel 7).

4 Pädagogisch-psychologische Beratung

4.1 Definition des Beratungsbegriffs in pädagogisch-psychologischen Handlungsfeldern

Die Beratung an sich ist Bestandteil unserer täglichen zwischenmenschlichen Kommunikation (Krause, 2003). Im Alltagsverständnis wird Beratung als eine Situation aufgefasst, in der aufgrund von Erfahrung und größerem Wissen ein Rat erteilt wird bzw. in der gemeinsam überlegt, besprochen und beratschlagt wird (vgl. Duden, 1997, S. 368). Wir alle kennen Beratungssituationen aus unserem Alltag, etwa, weil wir selbst bereits eine Beratung in Anspruch genommen haben oder weil wir eine andere Person beraten haben. So beraten wir z. B. Familienmitglieder, Freunde und Bekannte und manchmal auch fremde Personen in Problem- und Entscheidungssituationen oder wir wenden uns mit unseren Fragen und Problemen an andere Personen, wenn wir einen Rat brauchen.

Um den Begriff „Beratung" zu strukturieren, können in Anlehnung an Sickendiek, Engel und Nestmann (2002) drei Formen unterschieden werden:

- die informelle Beratung (z. B. Beratung zwischen Freunden),
- die halbformalisierte Beratung (Beratung als Tätigkeitsbereich in sozialpädagogischen und psychosozialen Berufen) und
- die stark formalisierte Beratung (Beratung durch professionelle, ausgebildete Berater in Beratungsstellen).

Unser Alltagsverständnis von Beratung umfasst zunächst insbesondere die ersten beiden Formen der Beratung: die informelle Beratung unter Freunden und die halbformalisierte Beratung in sozialpädagogischen und psychosozialen Berufen. Die professionelle Beratungstätigkeit, die in einem stark formalisierten Rahmen stattfindet, erfordert ein fundiertes Verständnis von Beratung. Um eine entsprechende Definition vorzunehmen, ist es zunächst hilfreich, die Beratung in einen Zusammenhang mit den Wissenschaftsdisziplinen zu bringen, in denen sie thematisiert wird. Beck (1991) nimmt eine entsprechende Einordnung vor: Er ordnet Beratung in die Soziologie, die Pädagogik und die Psychologie ein.

Dabei weist er darauf hin, dass im Bereich der Psychologie insbesondere die Pädagogische Psychologie und die Klinische Psychologie hier von Bedeutung sind. Der von Beck (1991) beschriebene Zusammenhang von Beratung und den o. g. Wissenschaftsdisziplinen ist in **Abbildung 4.1** dargestellt.

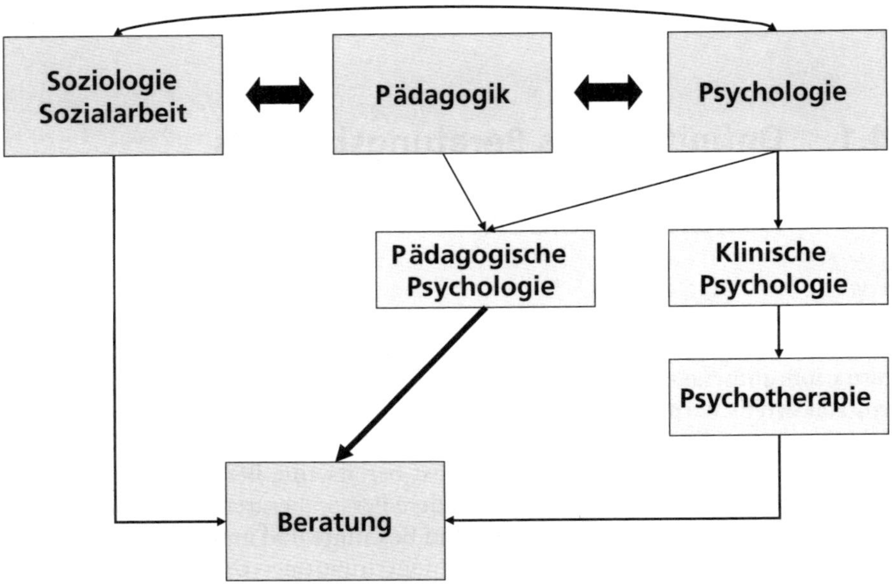

Abb. 4.1: Beziehung zwischen Beratung und relevanten Wissenschaftsdisziplinen (Beck, 1991, S. 40)

Die Abbildung veranschaulicht, dass Beratung interdisziplinär verankert ist (siehe auch Krause, 2003; Sander, 1999; Sickendiek et al., 2002) und Impulse aus unterschiedlichen Wissenschaftsdisziplinen erhält. Zudem wird deutlich, dass auch die Wissenschaftsdisziplinen nicht losgelöst voneinander gesehen werden können, sondern dass es auch Impulse zwischen den Disziplinen gibt. Bei der Definition von Beratung können demnach unterschiedliche Theorien und Erklärungsansätze herangezogen werden (siehe Schwarzer & Buchwald, 2006; Steinebach, 2006), die mehr oder weniger einzelnen Wissenschaftsdisziplinen zugeordnet werden können. Infolgedessen finden sich in der Literatur zu Beratung sehr viele Definitionen von Beratung (z. B. Rechtien, 2004; Sander, 1999; Sickendiek, et al., 2002, Steinebach, 2006). Ein Unterscheidungsmerkmal für die vorgestellten Konzeptionen ist u. a. die Komplexität der Definition.

Es gibt sowohl sehr knappe und prägnante Definitionen wie z. B. von Thiel (2003, S. 73), der Beratung als „Hilfe zum Lösen eines subjektiv bedeutsamen Problems" beschreibt.
Eine etwas umfassendere Definition von Beratung findet sich z. B. bei Hofer (1996). Er fasst Beratung auf als „eine Sonderform der sozialen Interaktion,

an der mindestens zwei Personen (oder Institutionen) beteiligt sind und deren Ziel in der Hilfe für eine der beiden Personen (oder Institutionen) besteht".

Schwarzer und Posse (1986) begreifen Beratung als eine „freiwillige, kurzfristige, oft nur situative, soziale Interaktion zwischen Ratsuchenden (Klienten) und Berater mit dem Ziel, im Beratungsprozess eine Entscheidungshilfe zur Problembewältigung eines vom Klienten vorgegebenen, aktuellen Problems durch Vermittlung von Informationen und/oder Einüben von Fertigkeiten gemeinsam zu erarbeiten".

Sickendiek et al. (2002, S. 13) definieren Beratung sehr ausführlich als „...eine Interaktion zwischen zumindest zwei Beteiligten, bei der die beratende(n) Person(en) die Ratsuchende(n) – mit Einsatz von kommunikativen Mitteln – dabei unterstützen, in Bezug auf eine Frage oder ein Problem mehr Wissen, Orientierung oder Lösungskompetenz zu gewinnen. Die Interaktion richtet sich auf kognitive, emotionale und praktische Problemlösungen und -bewältigungen von Klient/innen oder Klientensystemen (Einzelpersonen, Familien, Gruppen, Organisationen) sowohl in lebenspraktischen Fragen wie auch in psychosozialen Konflikten und Krisen. Beratung kann präventive, kurative und rehabilitative Aufgaben erfüllen, also im Vorfeld der Entstehung manifester Probleme ansetzen, bei aktuell bestehenden Schwierigkeiten in Anspruch genommen oder in Bezug auf den Umgang mit Folgen von Beeinträchtigungen nachgesucht oder angeboten werden."

Diese Definitionen verdeutlichen, dass professionelle Beratung über ein Ratgeben an sich hinausgeht und als Hilfe zur Selbsthilfe aufgefasst wird (vgl. Kolb, 1989; Krause, 2003). Und obwohl es unterschiedliche Konzeptionen von Beratung gibt, können auch gemeinsame Aspekte gefunden werden, die in allen Definitionen vorkommen. Diese gemeinsamen Aspekte können als zentrale Komponenten der Beratungssituation aufgefasst werden.

Nach Schwarzer und Buchwald (2006) sind die folgenden vier Komponenten in allen Beratungssituationen zu finden:

- Berater,
- Ratsuchender,
- Problem,
- Beratungskontext.

Die pädagogisch-psychologische Beratung bezieht sich dabei auf pädagogisch relevante Themen (siehe Kapitel 4.4), wobei der Fokus dann nicht darauf liegt, die Probleme des Ratsuchenden ausgiebig zu thematisieren. Vielmehr zielt die pädagogisch-psychologische Beratung darauf ab, Lösungen zu erarbeiten und die Ressourcen des Ratsuchenden aufzuzeigen (z. B. Nestmann, 1997). Da Beratung auf das Lösen von Problemen hinarbeitet, kann die Beratungssituation auch als Problemlösesituation aufgefasst werden (z. B. Thiel, 2003). Entsprechende Ansätze finden sich immer häufiger in der Beratungsarbeit und werden im folgenden Kapitel beschrieben.

4.2 Beratung als Problemlöseprozess

Ansätze, die Beratung als Problemlöseprozess beschreiben, nehmen an, dass ein bestehendes Problem der Ausgangspunkt des Beratungsgesprächs ist.

Ein Problem wird dabei nach Dörner (1993) durch folgende Aspekte beschrieben:

- ungewünschter Ausgangszustand (Ist-Situation),
- gewünschte Veränderung im Sinne eines Ziels (Soll-Zustand),
- Weg zwischen der Ist-Situation und dem Soll-Zustand, der überwunden werden muss.

Dabei ist es wichtig zu beachten, dass es sich bei Problemen, die in pädagogisch-psychologischen Beratungssituationen bearbeitet werden, in der Regel nicht um psychische Störungen oder pathologische Probleme handelt (vgl. Elbing, 2000; Schwarzer & Buchwald, 2006). Vielmehr handelt es sich meist um Defizite im „Bereich jener Kompetenzen, die für die optimale Bewältigung von Lehr- oder Lernaufgaben in Familie, Schule und Beruf wichtig erscheinen" (Schwarzer & Buchwald, 2006, S. 583).

In der Literatur finden sich viele Konzepte, die den Problemlöseansatz auf Beratungssituationen übertragen. Im folgenden Abschnitt werden vier Konzepte beispielhaft dargestellt. Dabei handelt es sich um die Konzepte von Egan (2001), Kolb (1989), Schwarzer und Buchwald (2006) sowie Thiel (2003).

Egan (2001) unterteilt den Beratungsprozess in drei Stufen:

1. Probleme erkennen,
2. einen Soll-Zustand entwickeln und Ziele setzen sowie Handeln,
3. den Soll-Zustand in die Realität umsetzen.

Andere Ansätze nehmen eine differenzierte Unterteilung vor und beschreiben in Folge dessen auch mehr Stufen.

Kolb (1989) beschreibt Beratungsgespräche als fünf aufeinander folgende Schritte:

1. Problemdefinition,
2. Bedingungsanalyse,
3. Ziel- und Lösungsanalyse,
4. Lösungsrealisation und
5. Lösungskontrolle.

Dabei wird angenommen, dass der Problemlöseprozess jederzeit abgebrochen werden kann, wenn das Problem nicht mehr besteht. Wenn die Lösungskontrolle zu dem Ergebnis führt, dass das Problem noch besteht, beginnt der Prozess von neuem und die fünf Schritte werden wiederholt.

Thiel (2003) unterscheidet sieben Phasen der Beratung als Problemlöseprozess, die sich um den Kern von Problem bzw. Beratungsaufgabe, Beziehungs-Ebene und Methoden-Ebene ergeben.

Der Beratungsprozess durchläuft nach Thiel (2003) folgende Phasen:

1. Erfassung der Ist-Situation,
2. Definition des Soll-Zustandes,
3. Entscheidung für einen Lösungsansatz,
4. Planung der Lösungsumsetzung,
5. Durchführung,
6. Kontrolle des Ergebnisses.
7. Die Erkenntnisse aus der Ergebniskontrolle fließen wieder in die Bestimmung der Ist-Situation (1.) ein.

Dieser Ansatz weist Parallelen zu Konzepten innerhalb der Selbstregulationstheorie auf (z. B. Zimmerman, 2000; Schmitz & Wiese 2006), denn auch in diesen finden sich Phaseneinteilungen und zyklische Anordnungen von angenommenen Handlungsschritten.

Schwarzer und Buchwald (2006) unterteilen die Beratung in sechs Handlungsschritte:

1. Allgemeine Orientierung,
2. Problemanalyse,
3. Sammeln und Bewerten von Alternativen,
4. Planung und Entscheidung,
5. Durchführung der Lösungsstrategie und
6. Evaluation.

Schwarzer und Buchwald (2006) beschreiben auch die konkreten Handlungen und Fragestellungen, die in den einzelnen Schritten des Beratungsgesprächs relevant werden. Diese Handlungsschritte sind in **Abbildung 4.2** dargestellt und können als Orientierungsrahmen für die Strukturierung von Beratungsgesprächen dienen.

Der Handlungsschritt *Evaluation* kann zusätzlich um eine Rückmeldung über den Gesprächsverlauf und Vereinbarungen über das weitere Vorgehen ergänzt werden (vgl. Ebling, 2000).

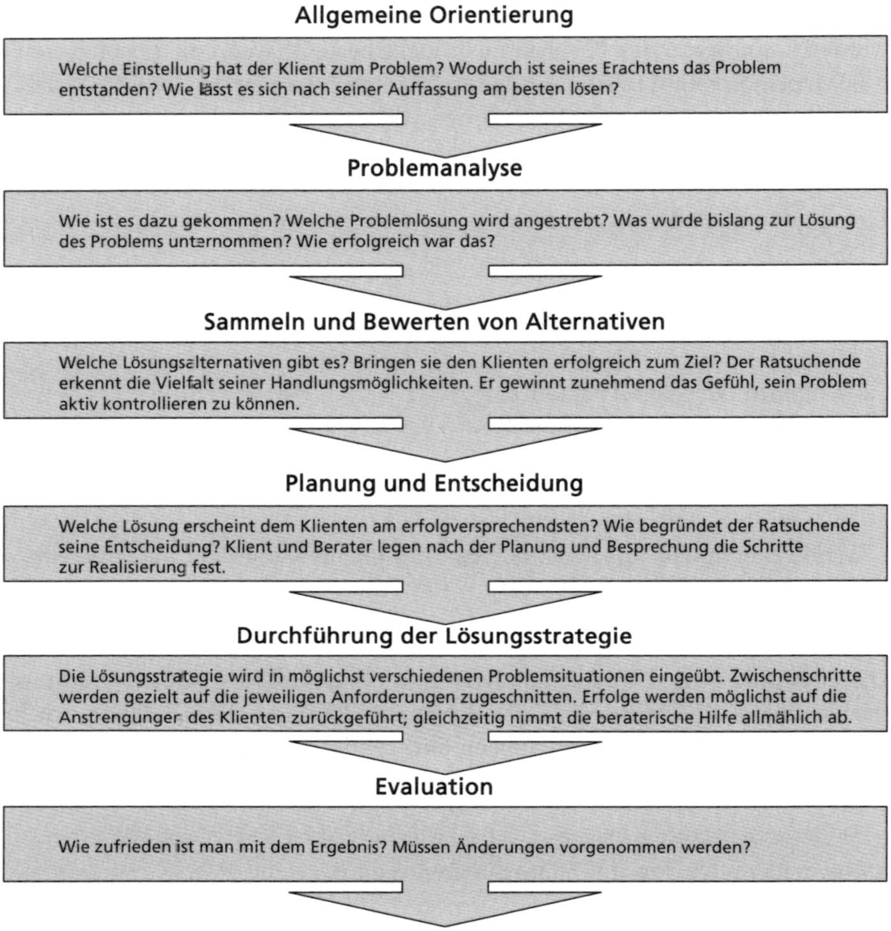

Abb. 4.2: Handlungsschritte der Beratung (Schwarzer & Buchwald, 2006, S. 582)

Ein Ansatz zur Gesprächsstrukturierung, der auch auf dem Problemlöseansatz beruht und konkrete Hinweise und Fragetechniken enthält, wird in Kapitel 8.1 beschrieben. Dabei handelt es sich um das PELZ-Modell nach Sickinger (2006), wobei das Akronym PELZ sich wie folgt zusammensetzt:

P → Problemwahrnehmung,
E → Erklärungen,
L → Lösungsversuche,
Z → Ziele.

Auch nach diesem Ansatz wird Beratung als ein Beitrag zur Erweiterung, Differenzierung und Veränderung von Handlungsmöglichkeiten aufgefasst. Ziel ist es, durch die Beratung eine Lösung für das Problem zu finden, die von dem

Ratsuchenden umgesetzt werden kann. Es erfolgt ein Eingriff in den Prozess der Problemlösung, um diese zu optimieren. Dabei werden in der Beratung unterschiedliche Möglichkeiten der Problemlösung erarbeitet. Die Entscheidung für einen Lösungsweg und die Verantwortung für die Umsetzung der notwendigen Handlungsschritte bleiben allerdings beim Ratsuchenden. Vor diesem Hintergrund sind in Beratungssituationen sowohl der Berater als auch der Ratsuchende Experten: Der Berater ist Experte für die Gesprächsführung und den lösungsorientierten Umgang mit Problemen, der Ratsuchende ist Experte für seine Lösungen und den eigenen, spezifischen Kontext (vgl. Honal & Schlegel, 2002).

Wichtig ist anzumerken, dass professionelle Beratung in der Regel auf der Grundlage von Beratungsansätzen erfolgt und somit in einen theoretischen Kontext eingebunden ist, der auch die Handlungs- und Vorgehensweisen des Beraters prägt. Im folgenden Kapitel werden Beratungsansätze vorgestellt, die im Bereich der pädagogisch-psychologischen Beratung bedeutsam sind.

4.3 Beratungsansätze in der pädagogisch-psychologischen Beratung

Die Anzahl von Beratungsansätzen, die in der Literatur beschrieben werden, ist sehr groß und wird sicherlich weiter zunehmen. Ertelt und Schulz (2002) haben bereits im Jahr 1999 über 250 unterschiedliche Beratungsansätze gezählt. Überwiegend beruhen sie auf Ansätzen aus der Klinischen Psychologie bzw. der Pädagogischen Psychologie (vgl. Rechtien, 2004) und beziehen sich in ihren Grundkonzepten meist auf drei Theorien: Die psychodynamische Theorie, die kognitiv-behavioristische Theorie und die existentiell-humanistische Theorie (siehe Ertelt & Schulz, 2002). Die Kerngedanken dieser drei Theorien werden im Folgenden zusammenfassend dargestellt, bevor auf zwei weitere Beratungsansätze, die systemisch orientierte Beratung und die lösungsorientierte Beratung, eingegangen wird.

Psychodynamisch bzw. psychoanalytisch orientierte Beratung

Die psychodynamisch orientierten Ansätze gehen auf Siegmund Freud zurück. Sie schreiben dem Unbewussten eine zentrale Funktion bei der Persönlichkeitsentwicklung und der Steuerung von Verhalten und Handlungen zu. Es wird angenommen, dass das Unbewusste dem Bewussten vorgelagert und dem Menschen nicht unmittelbar zugänglich ist. Handlungen von Personen werden nach diesem theoretischen Paradigma auch auf „verborgene" Triebe und unbewusste innerpsychische Zusammenhänge zurückgeführt. Dabei wird die Ursache von Schwierigkeiten und Problemen des Erwachsenen in verdrängten Konflikten aus der Kindheit gesehen. In der psychoanalytischen Therapie wird dann versucht, die Verdrängung aufzuheben, die Kindheitskonflikte wieder ins Bewusstsein zu rufen und dann aus der veränderten Perspektive eines Erwachsenen heraus zu lösen. Dabei können auch Lernprozesse, die durch die Verdrängung blockiert waren, nachgeholt werden.

Kognitiv-behavioristische bzw. verhaltensbezogene Beratung

Beratungsansätze, die sich an kognitiv-behavioristischen Konzepten orientieren, basieren auf der Annahme, dass alle (auch fehlangepasste) Verhaltensweisen erlernt sind. Allerdings können fehlangepasste Verhaltensweisen systematisch aufgeschlüsselt und wieder „verlernt" und durch günstigere Verhaltensweisen ersetzt werden. Dazu werden im Rahmen einer differenzierten Verhaltensanalyse das Problemverhalten, die vorausgehenden Bedingungen und die aufrechterhaltenden Konsequenzen genau analysiert. Im Rahmen der verhaltensbezogenen Beratung werden Techniken eingesetzt, die sich im verhaltenstherapeutischen Setting als effektiv erwiesen haben. Entsprechend reichen die Techniken von Verstärkung und systematischer Desensibilisierung bis hin zu Techniken der Selbstkontrolle.

Existentiell-humanistische bzw. Klientenzentrierte Beratung

Zur existentiell-humanistischen Beratung zählt der theoretische Ansatz von Carl Rogers (1972), dem Begründer der Klientenzentrierten Gesprächstherapie. Im Hinblick auf die Beratungsarbeit ist dieser Ansatz aus mindestens drei Gründen besonders bedeutsam: Erstens wird das Gespräch als zentrale Methode der Beratung beschrieben. Zweitens werden Verhaltensweisen des Beraters (oder Therapeuten) thematisiert. Drittens werden die Bedingungen der Beratungssituation betrachtet. Aus diesen Aspekten leiten sich im Rahmen der Klientenzentrierten Gesprächstherapie Grundhaltungen und Verhaltensweisen des Beraters ab, die sich in vielen Beratungssituationen als hilfreich erweisen. Dazu gehören z. B. die zentralen Bedingungen für ein wachstumsförderliches Interaktionsklima: Echtheit, Wertschätzung und einfühlsames Verstehen. Eine wichtige Grundannahme existentiell-humanistischer Beratungsansätze ist es, dass Patienten problematisches Verhalten am ehesten ändern, wenn sie sich ihrer Motive und Bedürfnisse bewusst werden. Dabei wird die Entscheidungsfreiheit des Einzelnen und der freie Wille – sowohl als Voraussetzung für Freude und Erfüllung als auch für Leid und Schmerzen – besonders hervorgehoben (Davison & Neal, 2002). Das Verstehen von Ursache und Entwicklung psychischer Probleme tritt in den Hintergrund, der Schwerpunkt der Therapie liegt auf therapeutischen Interventionen. Dabei nehmen das Entgegenbringen von Wertschätzung und Empathie sowie das Betonen von authentischen Beziehungen eine zentrale Rolle ein.

Systemisch orientierte Beratung

Im pädagogisch-psychologischen Handlungsfeld hat sich zusätzlich der systemische Beratungsansatz als bedeutsam erwiesen (vgl. Connemann, 2005; Hubrig & Herrmann, 2005; Palmowski, 1995). Deshalb werden die Kerngedanken dieses Ansatzes ebenfalls kurz vorgestellt.

Dem systemischen Ansatz liegt die Annahme zugrunde, dass Probleme und Symptome, die von der Person zunächst als individuelle Probleme erlebt und gesehen werden, in vielen Fällen durch Störungen im sozialen Netzwerk hervorgerufen und aufrechterhalten werden. Deshalb wird in diesem Ansatz nicht nur das Individuum – also die betroffene Person – behandelt, vielmehr wird das ganze soziale Netzwerk der Person mit all seinen Beziehungen und Verknüpfungen betrachtet. Es wird angenommen, dass durch diese Vorgehensweise höhere Erfolgschancen erzielt werden können. Den Ansatzpunkt bildet dabei die Frage, wie Menschen in sozialen Systemen ihre Wirklichkeit gemeinsam erzeugen und welche Prämissen ihrem Denken und Erleben zugrunde liegen. Daraus lässt sich ableiten, welche Möglichkeiten es gibt, diese Prämissen zu hinterfragen und aufzulockern (von Schlippe & Schweitzer, 2003, S. 17).

Lösungsorientierte Beratung

Zunehmend gewinnt in der pädagogisch-psychologischen Beratungsarbeit auch der lösungs- und ressourcenorientierte Beratungsansatz an Bedeutung (Freyaldenhoven, 2005). Dieser Ansatz geht auf Berg und DeShazer zurück und wird insbesondere im Rahmen von Kurzzeitberatungen eingesetzt (Thiel, 2003; Wolters, 2004). Nach diesem vergleichsweise neuen Ansatz wird angenommen, dass es für die Lösung von Problemen nicht notwendig ist, die Entstehung des Problems verfolgen oder gar verstehen zu können. Im Vordergrund steht nicht die Ursachenforschung, sondern die Suche nach Lösungen, wodurch die Ressourcen bei den Klienten wieder aktiviert werden sollen. Kernpunkte sind dabei das Suchen nach Ausnahmen von problematischem Verhalten und die Diskussion von Lösungen (Thiel, 2003).

Ziel der lösungsorientierten Kurzberatung ist es, Lösungen zu (er)finden und Lösungsansätze zu entwickeln. Der Schwerpunkt der Beratung wird demnach auf das Erarbeiten von Lösungen gelegt, nicht auf das Wälzen von Problemen. Aufgabe des Beraters ist es, den Klienten dabei zu unterstützen, eigenständig Lösungsansätze zu entwickeln. Dahinter steht die Annahme, dass der Berater das Problem nicht stellvertretend für den Klienten lösen kann. Die Entscheidungen, das Umsetzen der erarbeiteten Lösungen und die Verantwortung bleiben bei dem Klienten. In der Beratung werden die Eigenverantwortung und die Eigentätigkeit des Klienten angeregt; aus Analogien zu früheren Problemsituationen und früheren Erfolgen werden Lösungsansätze erarbeitet. Die Beratung bezieht sich dabei immer auf eine abgegrenzte Problemsituation; in komplexe Strukturen oder Abläufe wird nicht eingegriffen.

Die aufgeführten Beratungsansätze stehen in der Beratungspraxis nicht unverknüpft nebeneinander. Viele Berater wählen eine eklektisch-integrative Vorgehensweise, d. h. Strategien, Techniken und Verhaltensweisen unterschiedlicher Ansätze werden kombiniert, um die Effektivität der Beratung für den Ratsuchenden zu steigern (siehe Sander, 1999; Sickendiek et al., 2002).

4.4 Ziele von pädagogisch-psychologischer Beratung

Die Ziele von pädagogisch-psychologischer Beratung werden in der Literatur weit gefasst und umfassen sowohl Prävention von Problemen als auch Intervention bei Problemen. Dabei sind die Ziele und Handlungsformen von Beratung nach Hofer, Wild und Pikowsky (1996) in der Praxis so eng miteinander verknüpft, dass sie nicht voneinander getrennt werden können. Vielmehr kann Beratung als Oberbegriff für ein pädagogisch-psychologisches Handlungsfeld verwendet werden, welches Beratung, Intervention und Prävention umfasst.

Allgemein kann als Ziel der Beratung gesehen werden, einem Ratsuchenden Hilfe und Unterstützung bei der Orientierung in Anforderungssituationen und Problemlagen zu geben. Dies schließt auch Entscheidungen über anzustrebende Ziele und Wege, die Planung von Handlungsschritten zum Erreichen der Ziele sowie die Umsetzung der Planung und die Reflexion der Handlungsschritte ein (Sickendiek et al., 2002). Hier wird deutlich, dass sich die Ziele der Beratung auch auf den Bereich von Prävention und Intervention beziehen.

Entsprechend sind in der Beratung die Bildungs- und Entfaltungsmöglichkeiten des Einzelnen zu fördern sowie Bedeutung und Chancen des Erwerbs von möglichst breiten und allgemein verwertbaren Qualifikationen aufzuzeigen. Gemeinsam mit dem Ratsuchenden sind Informations-, Entscheidungs- und Realisierungshilfen zu erarbeiten (Hennig, 1989, S. 121).

Brem-Gräser (1993) konkretisiert die Ziele von Beratung für das pädagogisch-psychologische Handlungsfeld; sie stellt dabei insbesondere die Prävention und Behandlung von Fehlentwicklungen sowie generell die Optimierung von Entwicklungsprozessen bei Lernenden ins Zentrum des Beratungsanliegens.

Pädagogisch-psychologische Beratung zielt auf Prävention und Intervention im Entwicklungsprozess beim Lernenden ab. Dabei ist der Einzelne in seinen Möglichkeiten zu fördern, indem erstens Orientierungs-, Informations- und Entscheidungshilfen gegeben werden und zweitens eine Unterstützung bei der Umsetzung der Handlungsschritte erfolgt.

4.5 Grundhaltung eines Beraters

Die Grundhaltung des Beraters gegenüber dem Ratsuchenden ist ein zentraler Aspekt in Gesprächssituationen. Dies gilt insbesondere für Gespräche zwischen Lehrpersonen und Eltern. Beide Gesprächspartner profitieren von einer Kooperation, da sie gemeinsam einen Erziehungsauftrag erfüllen (siehe Kapitel 2.1 und Kapitel 2.2). Eltern fühlen sich Lehrpersonen manchmal unterlegen, sie fühlen sich angegriffen oder auch zu Unrecht zum Gespräch gebeten. Manchmal sind sie unzufrieden oder gar wütend. Oft fühlen sie sich unsicher. Dies führt dazu, dass Eltern sich in Gesprächen nicht immer kooperativ verhalten und sich vielleicht zunächst nicht auf eine gemeinsame Suche nach Lösungen einlassen möchten. Die Grundhaltung der beratenden Lehrperson kann helfen, die Kooperation der Eltern zu fördern. Besonders wichtig ist es, das Selbstwertgefühl der Eltern zu stärken und sie so anzunehmen, wie sie sind.

Das Fundament einer erfolgreichen Gesprächsführung ist die Grundeinstellung des Beraters, in die sein Menschenbild und seine Persönlichkeit mit einwirken. Hennig und Ehinger (2003) führen fünf wichtige Grundhaltungen der beratenden Lehrperson in Gesprächssituationen mit Schülern und Eltern im Schulalltag an:

- Empathie,
- Berücksichtigung des Lebenskontextes des Ratsuchenden,
- Stärkung der Eigenverantwortlichkeit,
- Ressourcenorientierung,
- Lösungsorientierung.

Empathie

Die Empathie bezeichnet das *Einfühlungsvermögen* in die spezifische Situation des Ratsuchenden, in seine subjektive Weltsicht, sein Denken, Handeln, Fühlen. Gemeint ist hier ein Mitschwingen, Mitfühlen, ein sensibles Wahrnehmen der Gefühle und Befindlichkeiten, die *Akzeptanz* des Gesprächspartners. Damit verbunden ist auch die *Kongruenz und Authentizität*, d. h. dass die verbale und die nonverbale Kommunikation übereinstimmen und keine unterschiedlichen Botschaften gesendet werden (vgl. Kapitel 4.6). Ein hohes Einfühlungsvermögen, die Akzeptanz des Gesprächspartners und seiner Sichtweise sowie die Kongruenz der Kommunikation beeinflussen den Gesprächsverlauf sehr positiv, da die Gesprächspartner sich angenommen fühlen. Es wird eine vertrauensvolle Atmosphäre geschaffen, in der sich der Gesprächspartner öffnen kann. Im Gegenzug wird Missverständnissen und Konflikten vorgebeugt.

Berücksichtigung des Lebenskontextes des Ratsuchenden

Um die Situation des Ratsuchenden besser verstehen zu können und seine Stärken, Ressourcen und Lösungsmöglichkeiten zu erkennen, ist es wichtig, den Lebenskontext des Ratsuchenden zu berücksichtigen. Denn insbesondere die Ressourcen und Lösungsmöglichkeiten werden durch den Lebenskontext mitbestimmt. Einige Stärken des Ratsuchenden bleiben womöglich verborgen, wenn der Lebenskontext nicht beachtet wird: Nicht selten zeigt der Ratsuchende in anderen Situationen Verhaltensweisen, die auch zur Lösung des Problems beitragen können – durch eine Sichtweise, die nur die Problemsituation umfasst, werden diese womöglich übersehen.

Dabei kann sich der Berater die folgenden Fragen stellen:

- „Wie würde ich denken, wenn ich in demselben sozialen Kontext leben würde wie der Ratsuchende?"
- „Welche Möglichkeiten stünden mir zur Lösung des Problems offen, und welche Ressourcen hätte ich zur Verfügung?"

So wird sichergestellt, dass die in der Beratungssituation erarbeiteten Lösungswege auch wirklich von dem Ratsuchenden umgesetzt werden können und dass ihm die erforderlichen Ressourcen auch tatsächlich zur Verfügung stehen. Dies geschieht durch das Aufzeigen von Parallelen zu erfolgreich bewältigten Situationen, in denen das erforderliche Verhalten gezeigt wurde. Zusätzlich wird das Gefühl, die Situation kontrollieren zu können, unterstützt. Dies sind wichtige Schritte für eine erfolgreiche Beratung.

Stärkung der Eigenverantwortlichkeit

Wichtig ist es, in Beratungssituationen zu betonen, dass die Verantwortung für das eigene Denken, Fühlen und Handeln immer bei der Person selbst bleibt. Beratung ist immer eine Hilfe zur Selbsthilfe. Die Bereitschaft des Ratsuchenden zu Kooperation und Verhaltensänderung sollte deshalb im Laufe des Gesprächs entwickelt und unterstützt werden. Hierzu ist es notwendig, dass der Ratsuchende die Situation als veränderbar und durch das eigene Handeln kontrollierbar erlebt (Selbstwirksamkeit). Ist dies nicht der Fall, wird der Ratsuchende passiv bleiben, sich hilflos fühlen und sich dem Beratungsprozess eher verweigern. Die Balance zu finden zwischen Förderung des Autonomieempfindens und der Selbstwirksamkeit der Eltern einerseits und dem manchmal notwendigen Ratgeben und Hinweisen auf Problempunkte andererseits ist nicht immer leicht und wird sehr stark von der Gesprächssituation mitbestimmt. Dennoch ist es hilfreich, immer vor dem Hintergrund zu handeln, dass die Verantwortung bei dem Ratsuchenden bleibt und dieser in seiner Eigenverantwortlichkeit gestärkt werden sollte. Dies wirkt sich positiv auf den Verlauf der Beratung aus.

Ressourcenorientierung

Im Beratungsprozess ist es von großer Bedeutung, die Stärken und Ressourcen des Ratsuchenden herauszuarbeiten und zu betonen. So kann das Vertrauen in die Beratungssituation und in die eigenen Möglichkeiten gestärkt werden. Die Selbstwirksamkeit und die Eigenverantwortung werden auf diese Weise gefördert, und häufig führt dies auch zu einem Ansteigen der Kooperationsbereitschaft. Außerdem sollte die Suche auch auf die Ressourcen des Kindes, der Lehrer und anderer Institutionen (Jugendgruppen, Vereine, Nachhilfegruppen) erweitert werden, um dem Lebensumfeld des Kindes in seiner Fülle von Einflussfaktoren gerecht zu werden. Hier gibt es Anknüpfungspunkte zur Ökologischen Systemtheorie nach Bronfenbrenner (siehe Kapitel 2.2) sowie zum systemischen Beratungsansatz (siehe Kapitel 4.3)

Lösungsorientierung

Das Ziel von Beratungsgesprächen im pädagogisch-psychologischen Beratungsfeld ist das Finden von Lösungen für problematische Verhaltensweisen (siehe Kapitel 4.4). Deshalb sollte der Suche und Diskussion von Lösungen im Beratungsprozess ein hoher Stellenwert eingeräumt werden. Die Problembetrachtung und -definition ist jedoch nicht außen vor zu lassen, da sie wichtige Hinweise zur Lösungsfindung liefert. Wichtig ist hier, eine gemeinsame Definition des Problems zu finden, die als Grundlage für den weiteren Beratungsprozess gilt. Als Richtlinie für die Zeiteinteilung wird eine prozentuale Verteilung der Gesprächsanteile von 20 % Problemdefinition sowie 80 % Lösungssuche und -diskussion empfohlen. Dies kann sicherlich nicht in jedem Beratungsgespräch so umgesetzt werden. Allerdings ist es hilfreich, einen längerfristigen Beratungsprozess entsprechend auszurichten.

4.6 Grundlagen der Kommunikation

In den vorangegangenen Abschnitten wurde deutlich, dass die Kommunikation ein zentraler Bestandteil der Beratung ist. Grundsätzlich kann zwischen verbaler (sprachlicher) und nonverbaler Kommunikation (Gestik und Mimik, Intonation) unterschieden werden. Im Folgenden werden die Grundlagen der Kommunikation zusammenfassend beschrieben.

Grundregel: Man kann nicht nicht kommunizieren

Diese Grundregel wurde von Watzlawick (1969) aufgestellt. Kommunikation beginnt demnach mit der Wahrnehmung. Wenn jemand einen Raum betritt, ist das Erste, was andere Personen an ihm wahrnehmen, das Äußere. Gemeint sind aber nicht nur die Kleidung oder die Frisur, sondern auch Körpersprache, Mimik und Gestik. Denn: Jede Kommunikation ist – zumindest teilweise –

nonverbaler Art; zusätzlich erfolgt die Kommunikation auch über verbale Signale. Der Berater sollte deshalb zwar stets Wert auf die Entwicklung seiner verbalen Gesprächstechniken legen, aber immer auch seine nonverbalen Kommunikationsfähigkeiten beachten und schulen. Im folgenden Abschnitt werden Aspekte der verbalen Kommunikation vertiefend dargestellt.

Aspekte der verbalen Kommunikation

Eine Kommunikation ist zunächst immer die Interaktion einer Person, die eine Nachricht sendet, mit mindestens einer Person, die die Nachricht empfängt. In der sparsamsten Variante kann Kommunikation als einfaches Sender-Empfänger-Modell beschrieben werden (siehe **Abb. 4.3**).

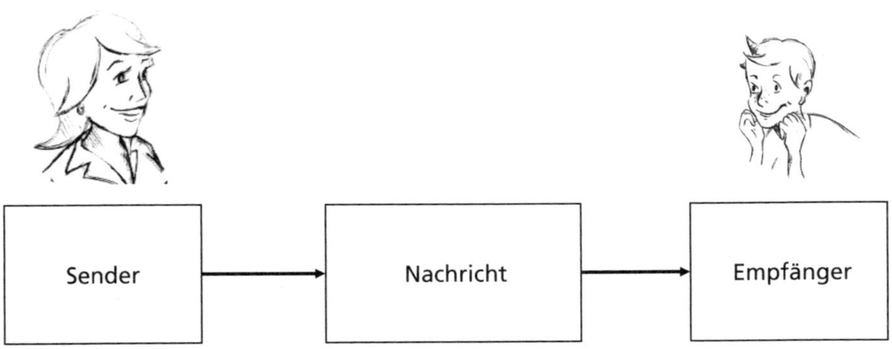

Abb. 4.3: Sender-Empfänger-Modell der Kommunikation

Dieses grundlegende Sender-Empfänger-Modell wurde von Schulz von Thun (2002) erweitert. Der Fokus wurde dabei darauf gelegt, die Nachricht differenzierter zu betrachten und unterschiedliche Aspekte der Nachricht herauszuarbeiten.

Nach Schulz von Thun (2002) können vier Seiten einer Nachricht unterschieden werden:

- Sachebene,
- Beziehungsebene,
- Selbstoffenbarung,
- Appell.

Dabei enthält jede Nachricht grundsätzlich alle vier Aspekte. Im Folgenden werden die einzelnen Seiten der Nachricht beschrieben.

Sachebene: Worüber der Sender informiert

Mit seiner Nachricht möchte der Sender Sachinformationen weitergeben. Unter diesem Aspekt wird ausschließlich der Austausch von Informationen betrachtet. Zunächst könnte angenommen werden, der Austausch von sachlichen Inhalten sei das Wesentliche in der zwischenmenschlichen Kommunikation. Wenn dies so wäre, dann wäre das Kommunizieren sicherlich unproblematisch, und das Thema Kommunikation wäre nicht in so vielen Theorien behandelt bzw. in Ratgebern verarbeitet worden. In unserem Alltag zeigt sich, dass Kommunikation ein sehr wichtiges und sehr komplexes Feld ist. Dies liegt vor allem an den drei weiteren von Schulz von Thun beschriebenen Seiten der Kommunikation. Denn diese verleihen einerseits der sachlichen Information ihre Bedeutung und sind andererseits häufig die Ursache für Missverständnisse zwischen Sender und Empfänger.

Beziehungsebene: Was ich von Dir halte und wie wir zueinander stehen

Eine Nachricht enthält auch Informationen darüber, wie der Sender und der Empfänger zueinander stehen und wie ihre Beziehung beschaffen ist. Diese Informationen finden sich meistens in der Formulierung der Nachricht, im Tonfall und in nonverbalen Begleitsignalen (Gestik, Mimik). Empfänger haben für den Beziehungsaspekt oft ein sehr empfindliches Ohr, d. h. sie achten besonders auf die Beziehungsinformationen. Eine Nachricht zu senden heißt auch immer, eine bestimmte Art von Beziehung zu dem Angesprochenen auszudrücken.

Selbstoffenbarung: Was ich von mir selbst kundgebe

In jeder Nachricht stecken auch Botschaften über den Sender. Einerseits sind diese bereits in der Sachinformation enthalten: So offenbart ein Sender z. B. durch einen Kommentar seine Einstellung zu einem Thema oder seine Expertise in einem bestimmten Inhaltsbereich. Damit gibt er bereits etwas über sich selbst preis. Die Selbstoffenbarung kann unterteilt werden in die Selbstdarstellung und die Selbstenthüllung. Von Selbstdarstellung kann gesprochen werden, wenn die Nachricht zielgerichtet mit Informationen über die eigene Person gespickt wird – z. B. um sich in einem besonderen Licht zu präsentieren und andere zu beeindrucken. Die Selbstenthüllung hingegen erfolgt unbewusst und manchmal auch ungewollt. Der Sender gibt Informationen über sich preis, die er womöglich lieber für sich behalten hätte – dies kann vor allem für den Sender sehr unangenehm sein.

Appell: Wozu ich dich veranlassen möchte

Fast alle Nachrichten haben die Funktion, den Empfänger zu etwas zu veranlassen – kaum etwas wird „nur so“ gesagt. Der Versuch, Einfluss zu nehmen, kann offen oder versteckt sein – im letzteren Fall handelt es sich um Manipulation.

Ein manipulierender Sender scheut sich nicht, auch die anderen drei Seiten der Nachricht in den Dienst der Appellwirkung zu stellen. Die Berichterstattung auf der Sachseite ist dann einseitig und tendenziös, die Selbstdarstellung ist darauf ausgerichtet, beim Empfänger eine bestimmte Wirkung zu erzielen (z. B. Gefühle der Bewunderung oder Hilfsbereitschaft). Auch die Botschaften auf der Beziehungsseite können von dem heimlichen Ziel bestimmt sein, den anderen bei Laune zu halten (etwa durch unterwürfiges Verhalten oder durch Komplimente). Wenn Sach-, Selbstoffenbarungs- und Beziehungsseite auf die Wirkungsverbesserung der Appellseite ausgerichtet werden, werden sie funktionalisiert, d. h. sie spiegeln nicht wider, was ist, sondern werden als Mittel zur Zielerreichung eingesetzt.

Missverständnissen vorbeugen – Missverständnisse aufklären

Um eine Kommunikation zu analysieren und zu verstehen, ist es wichtig, die Informationen auf allen vier Seiten der Nachricht zu berücksichtigen. Das gilt insbesondere dann, wenn Probleme auftauchen, z. B. in Form von Missverständnissen zwischen Sender und Empfänger. Abhilfe kann dabei die Metakommunikation schaffen. Metakommunikation ist der Versuch, aus einer gewissen Distanz heraus über die Kommunikation und die Botschaften zu sprechen. Die Art, wie Sender und Empfänger miteinander sprechen, die Informationen, welche aufgenommen werden, und die Gefühle der Beteiligten werden zum Gegenstand des Gesprächs. Oft zeigt sich dabei, dass die Sachseite weniger problematisch ist. Hingegen treten Missverständnisse und Konflikte insbesondere bei den drei anderen Seiten der Nachricht (Selbstoffenbarung, Beziehung, Appell) auf.

Das vorgestellte Vier-Seiten-Schema der Nachricht nach Schulz von Thun (2002) kann genutzt werden, um Kommunikationssituationen zu analysieren und Missverständnisse zu erkennen und aufzuklären. Bildlich gesprochen hat ein Sender in der Kommunikation vier Zungen, der Empfänger hat vier Ohren. Wenn der Sender mit allen vier Zungen spricht (übereinstimmende Nachrichtenaspekte auf allen vier Seiten) und der Empfänger aufmerksam mit allen vier Ohren zuhört, gelingt die Kommunikation. Beides kann geübt und erlernt werden.

Ein Sender von Nachrichten sollte stets versuchen, in Kommunikationssituationen auch auf die drei eher „versteckten" Seiten einer Nachricht einzugehen und so zu kommunizieren, dass zwischen den vier Seiten einer Nachricht Übereinstimmung besteht. Diese Übereinstimmung wird auch Authentizität genannt. Dazu ist es hilfreich, wenn sich der Empfänger über seine eigenen Intentionen bewusst ist und weiß, welche Schwerpunkte er in der Kommunikation setzen möchte – d. h. welche Seite der Nachricht er besonders betont bzw. betonen möchte.

Für den Empfänger von Nachrichten ist es wichtig, sich darüber bewusst zu werden, wie seine Empfangsgewohnheiten ausgeprägt sind – d. h. mit welchem Ohr er Nachrichten zunächst wahrnimmt und auf welche Aspekte der Nachricht er besonders achtet. Von Zeit zu Zeit sollte der Empfänger dem Sender im Gespräch eine Rückmeldung darüber geben, wie er die Nachricht auffasst und versteht. Wenn Sender und Empfänger in der Kommunikation auf die genannten Aspekte achten, können Missverständnisse frühzeitig aufgeklärt werden.

Die folgende **Tabelle 4.1** fasst noch einmal die genannten Aspekte für eine gelungene Kommunikation zusammen und berücksichtigt dabei das Sender- und Empfängerverhalten.

Tab. 4.1: Zentrale Aspekte der Kommunikation nach dem Vier-Seiten-Modell

Seite der Kommunikation	Verhaltensaspekt
Sachebene	Sachlich bleiben Verständlich reden Analytisch zuhören
Beziehungsebene	Aktiv zuhören Gefühle direkt ansprechen Feedback geben und nehmen
Selbstoffenbarung	Ich-Botschaften senden Eigene Meinung formulieren Absichten und Ziele klären
Appell	Überzeugend argumentieren Fragen stellen Fair lenken

4.7 Zusammenfassung

Ein wichtiger Aspekt für die Beratungsarbeit ist das Verständnis von Beratung – denn danach richten sich auch die Ziele und Inhalte der Beratung, die Beratungsstrategie und -ansätze sowie die erforderlichen Kompetenzen auf Seiten des Beraters. Deshalb wird an dieser Stelle eine Definition von Beratung im schulischen Kontext vorgeschlagen, die sich an Definitionen aus dem therapeutischen Kontext, dem pädagogisch-psychologischen Kontext und dem Problemlöseansatz anlehnt.

Definition von Beratung im schulischen Kontext
Beratung ist zu verstehen als dialogischer Prozess des „Sich-Beratens“. Ziel des Prozesses ist die Hilfe zur Selbsthilfe – ein Veränderungsprozess wird unterstützt. Beratung ist nicht der „Ort“ der Problemlösung; Probleme werden vielmehr reflektiert, gedeutet, eingegrenzt und möglicherweise umgedeutet. Denn es gibt immer mehr als eine Handlungsalternative. Diese verschiedenen Handlungsalternativen zu erarbeiten ist ein wichtiger Teil der Beratung. Lösungen werden gemeinsam „erfunden“.

Wenn der Ratsuchende es wünscht, kann im Anschluss daran eine Planung des weiteren Vorgehens erfolgen. Auch hier ist der Berater Entwicklungsbegleiter. Die Umsetzung des Geplanten muss jedoch durch Aktion(en) des Ratsuchenden erfolgen; der Berater kann die Probleme nicht stellvertretend für den Ratsuchenden lösen.
Wichtiger Ansatzpunkt der Beratung sind deshalb die Stärken und Ressourcen des Ratsuchenden, die es zu erarbeiten und zu unterstützen gilt.

Dabei stehen in einer Beratungssituation mindestens zwei Personen miteinander in Kontakt. Es finden Kommunikationsprozesse statt, die zur Problemklärung und Lösungsfindung führen sollen. Veränderungen sollen erreicht werden und diverse Handlungsalternativen werden diskutiert.

Ein wichtiger Unterschied zwischen der therapeutischen Beratung und der Beratung im schulischen Kontext liegt in der Verteilung der Verantwortung auf Ratsuchenden und Berater (weitere Unterscheidungsmerkmale werden in Kapitel 6 dargestellt). Im therapeutischen Kontext liegt die Verantwortung für die Handlungen vor allem bei dem Ratsuchenden. Der Berater dient nur als Begleiter. Im schulischen Kontext, bei Beratungsgesprächen von Eltern und Lehrern, ist die Verantwortung zwischen Ratsuchendem und Berater aufgeteilt. Eltern und Lehrer haben einen gemeinsamen Erziehungsauftrag: Sie sind beide in gewissen Bereichen verantwortlich für die Entwicklung und Erziehung des Kindes (siehe Kapitel 2.1 und Kapitel 2.2).

Besonders im Bereich der Lernförderung und -unterstützung gibt es viele Überschneidungen zwischen den Verantwortungsbereichen von Eltern und Lehrpersonen. Hier ist es wichtig, dass Eltern und Lehrperson gemeinsam nach Lösungen suchen und diese auch gemeinsam umsetzen. Dazu werden im Beratungsprozess insbesondere die Stärken, Ressourcen und Unterstützungsmöglichkeiten von Ratsuchenden (Eltern) und Berater (Lehrer), aber auch von anderen Instanzen (Nachhilfe, Vereine, Jugendgruppen, Beratungsstellen etc.) thematisiert. Ziele werden gemeinsam vereinbart. Sie werden immer wieder durchdacht, besprochen und durch die Planung von Maßnahmen sowie durch aktives Handeln angestrebt. Handlungsergebnisse werden überprüft und bewertet; aus den Bewertungen werden anschließend Konsequenzen gezogen. Diese werden als Anregungen in den Beratungsprozess zurückgeführt. So erhält der Beratungsprozess neue Impulse, eine Wirksamkeitsprüfung der ergriffenen Maßnahmen kann erfolgen und die Situation kann stetig optimiert werden. Die unterschiedlichen Auffassungen von Beratung resultieren in Definitionen von Beratung, die jeweils leicht unterschiedliche Akzente setzen. Im folgenden Kapitel wird dies zunächst noch einmal kurz aufgegriffen. Anschließend wird die Beratungskompetenz von Lehrpersonen definiert.

5 Definition von Beratungskompetenz

5.1 Definition von Beratungskompetenz aus unterschiedlichen Perspektiven

In Kapitel 4 wurden unterschiedliche Konzeptionen von Beratung vorgestellt, die an therapeutischen Ansätze und Theorien zur Problemlösung anknüpfen. Die einzelnen Konzepte setzen dabei verschiedene Schwerpunkte, die sich auch auf die Beschreibung der Kompetenzen eines Beraters auswirken. Dabei werden in allen Konzeptionen mehrere Kompetenzen beschrieben, die ein Berater benötigt, um erfolgreich beraten zu können. Dementsprechend kann Beratungskompetenz als mehrdimensionales Konstrukt aufgefasst werden, das sowohl Wissensaspekte als auch Handlungskompetenzen umfasst.

Für den Bereich der pädagogisch-psychologischen Beratung führen z. B. Honal und Schlegel (2003, S. 3) folgende Kompetenzbereiche eines Beraters auf:

- Gesprächsführung (z. B. nondirektiv, informierend, konfliktlösend),
- Diagnostik (z. B. Schulleistungen, Umwelt),
- Intervention in Kooperation für einzelne oder Gruppen (z. B. schulpädagogisch, pädagogisch-psychologisch),
- Fachwissen (z. B. Schullaufbahn, Pädagogische Psychologie),
- Erwachsenenarbeit (z. B. Elternarbeit, Beratung von Kollegen),
- Kooperation (z. B. Absprachen zwischen Beratungslehrern und Schulpsychologen bzw. nichtschulischen Beratungs- und Bildungseinrichtungen),
- Evaluation (systematische Rückmeldung, Eigensupervision) und
- Rahmenbedingungen guter schulischer Beratung (z. B. Zeit, Raum, Unterlagen).

Diese Zusammenstellung der Kompetenzbereiche gibt eine gute Übersicht über die fachlichen Kompetenzen eines Beraters in pädagogisch-psychologischen Handlungsfeldern. Zusätzlich sind allerdings auch persönliche Kompetenzen des Beraters wichtig. Schwarzer und Buchwald (2006) führen hier die personalen Ressourcen auf, die unter anderem auch die Selbstreflexion umfassen. Ein Ansatz zur Definition von Beratungskompetenz, der sowohl personale als auch inhaltliche und interventionsbezogene Kompetenzbereiche des Beraters umfasst, findet sich bei Hackney und Corminer (1998). Sie unterscheiden zwischen vier Kompetenzbereichen:

1. persönliche Eigenschaften des Beraters (z. B. Interesse am Wohlergehen anderer, Fähigkeit, für andere da zu sein, eigene Stärken und Schwächen kennen),
2. zwischenmenschliche Eigenschaften des Beraters (Fähigkeit zum Aufbau einer Beziehung zu anderen),
3. Unterscheidungs- oder konzeptionelle Fähigkeiten des Beraters (Balance zwischen Einfühlen in die Welt des Klienten und Objektivität) sowie
4. Interventionstechniken des Beraters (therapeutischer Plan, Gesprächstechniken).

Eine Definition von Beratungskompetenz, die sowohl fachliche als auch personale Kompetenzen umfasst, Selbstreflexion und Erfahrung thematisiert und die Situationsangemessenheit des beraterischen Handelns hervorhebt, findet sich bei Strasser und Gruber (2003):

Beratungskompetenz kann definiert werden als „fachliches Wissen um Sachverhalte und um die Wirksamkeit von Maßnahmen, [welches] ... auf der Grundlage personaler Ressourcen reflektierte Erfahrung [erlaubt], die befähigt, Wissen situationsangemessen und effektiv anzuwenden, was zu beraterischem Erfolg, also dem Erreichen der im Beratungsprozess gesetzten Ziele, führt" (S. 388).

Zusammenfassend kann festgehalten werden, dass sich die Vielzahl der Definitionen von Beratung auch in der Vielfalt der Konzeptionen von Beratungskompetenz niederschlägt.

Im Folgenden wird auf der Grundlage dieser Definitionsansätze eine Definition der Beratungskompetenz von Lehrpersonen vorgenommen. Dabei werden auch Erkenntnisse aus empirischen Untersuchungen zu dem angenommenen Kompetenzmodell dargestellt. Um ein spezifisches Kompetenzmodell zu entwickeln, ist es wichtig, zunächst den Kompetenzbegriff an sich zu betrachten. Deshalb wird im folgenden Abschnitt eine kurze Einführung in das Konzept von Kompetenz gegeben.

5.2 Kompetenzen und Kompetenzdimensionen

Der Begriff Kompetenz begegnet uns in unserem Alltag sehr häufig und in unterschiedlichen Kontexten. Weinert zählte bereits im Jahr 2001 für den Bereich der Aus- und Weiterbildung 654 unterschiedliche Schlüsselkompetenzen – und scheinbar täglich werden neue Kompetenzen benannt. Kompetenz ist also ein häufig gebrauchter Begriff, der uns allen grundsätzlich vertraut ist. Allerdings fällt es uns, wie Weinert (2001) feststellt, sehr schwer, die Bedeutung von Kompetenz zu spezifizieren oder trennscharf zu definieren.

Wir verwenden den Begriff meist in zwei Kontexten: erstens, wenn wir ausdrücken möchten, dass eine Person die Befugnis hat, etwas zu tun bzw. für etwas zuständig ist (vgl. Lexikon der Psychologie, 2000). Diese Definition leitet sich von dem lateinischen Substantiv „competentia“ ab, welches als Zusammentreffen oder Zuständigkeit verstanden werden kann. Zweitens verwenden wir den Begriff Kompetenz auch, wenn wir einer Person Handlungsfähigkeit zuschreiben. Dies kann von dem lateinischen Verb „competere“ abgeleitet werden, welches als zusammenlangen, zusammentreffen, stimmen, zutreffen, entsprechen, zukommen aufgefasst werden kann.

Kompetenzen lassen sich nach unterschiedlichen Ansätzen gruppieren. Erpenbeck und von Rosenstiel (2007) unterscheiden dabei vier Bereiche:

1. Kompetenzen als Persönlichkeitseigenschaften,
2. Kompetenzen als Arbeits- und Tätigkeitsdispositionen,
3. Kompetenzen als fachbetonte Qualifikationen und
4. Kompetenzen als soziale Kommunikationsvoraussetzungen.

Für den Bereich der beruflichen Handlungskomptenz schlägt Kauffeld (2005) folgende Aufteilung vor:

1. Fachkompetenz,
2. Methodenkompetenz,
3. Sozialkompetenz und
4. Selbstkompetenz.

Allerdings ist auch im wissenschaftlichen Bereich das Kompetenzkonzept nicht eindeutig spezifiziert und definiert. Vielmehr wird unter Kompetenz zunächst ein System von Fähigkeiten verstanden, das kaum spezifizierbar ist und das notwendig bzw. hinreichend ist, um Ziele zu erreichen (Weinert, 2001, S. 45). In der wissenschaftlichen Literatur finden sich viele unterschiedliche Definitionen des Kompetenzbegriffs (vgl. Frey & Balzer, 2005) und nach Erpenbeck und von Rosenstiel (2007) ist es verwunderlich, „wie wenig klar Kompetenz gegenwärtig begrifflich gefasst und messend zugänglich gemacht werden kann“(S. XVII). Eine Herausforderung bei der Definition von Kompetenz steckt dabei auch in der Breite des Begriffs selbst: Er reicht von angeborenen Persönlichkeitsmerkmalen wie Begabung und Intelligenz bis hin zu erworbenem, umfangreichen Wissen und umfasst sowohl fachbezogene Fähigkeiten als auch fächerübergreifende Schlüsselqualifikationen (vgl. Weinert, 2001).

Sehr häufig wird in der Literatur die Definition von Kompetenz nach Weinert (2001) herangezogen. Er definiert Kompetenzen als „die bei Individuen verfügbaren oder durch sie erlernbaren kognitiven Fähigkeiten und Fertigkeiten, um bestimmte Probleme zu lösen, sowie die damit verbundenen motivationalen, volitionalen und sozialen Bereitschaften und Fähigkeiten, um Problemlösungen in variablen Situationen erfolgreich und verantwortungsvoll nutzen zu können" (S. 27 ff.).

Die unterschiedlichen Versuche, Kompetenz zu definieren, legen die Vermutung nahe, dass Kompetenz an sich nicht definierbar ist (vgl. Wollert, 1997). Eine Definition von Kompetenz lässt sich immer nur im Bezug zu einer konkreten Anforderungssituation spezifizieren und definieren. Infolgedessen ist Kompetenz immer domänenspezifisch. Hartig und Klieme (2006) weisen allerdings darauf hin, dass eine Generalisierung über vergleichbare Situationen durchaus möglich ist.

Unter theoretischen, messtheoretischen und interventionsbezogenen Aspekten ist die Frage nach der Unterscheidung von Kompetenzdimensionen und ihrer Zusammenhänge interessant. Nach Hartig und Klieme (2006) ist „inhaltlich die Frage nach Kompetenzdimensionen gleichbedeutend mit der Frage danach [ist], welche Kompetenzen in einem bestimmten Zusammenhang differenziert erfasst werden können oder erfasst werden sollen" (S. 132). Die Unterscheidung von Kompetenzdimensionen wirkt sich demnach sowohl auf die Theoriebildung als auch auf die Messung und Diagnostik von Kompetenzen sowie auf die Entwicklung von Interventionen und Trainingsprogrammen aus. Im Sinne des Aptitude-Treatment-Interaction-Ansatzes ermöglicht eine Diagnostik auf der Ebene von Kompetenzdimensionen eine kompetenzprofilspezifische Auswahl von Trainings- und Interventionselementen und trägt somit zur optimalen Anpassung der Lernsituation bei.

5.3 Beratungskompetenz von Lehrpersonen

In den aktuellen Konzepten zur professionellen Handlungskompetenz von Lehrpersonen wird auch Beratungswissen als wichtiger Kompetenzbereich aufgeführt (Baumert & Kunter, 2006; Terhart, 2002). Damit wird der Entwicklung Rechnung getragen, dass Lehrpersonen tagtäglich Beratungsaufgaben wahrnehmen und dass der Anteil an Beratungsaufgaben sicherlich weiter steigen wird. Allerdings wird in den Konzepten nicht weiter spezifiziert, was mit Beratungswissen oder Beratungskompetenz letztlich gemeint ist bzw. wie sich diese Konstrukte definieren lassen.

In der Literatur zu Beratung finden sich viele Aspekte, die einen kompetenten Berater ausmachen (z. B. Gesprächsführung, Empathie, siehe Kapitel 5.1) und die somit zur Definition von einer allgemeinen Beratungskompetenz herangezogen werden können. Zunehmend finden sich auch Modelle, die das Konstrukt „Beratungskompetenz von Lehrpersonen" beschreiben und definieren.

So unterscheiden Schwarzer und Buchwald (2006) beispielsweise sechs Aspekte der Beratungskompetenz von Lehrpersonen:

1. Fachwissen,
2. Personale Ressourcen,
3. Soziale Kompetenz,
4. Berater-Skills,
5. Bewältigungskompetenz und
6. Prozesskompetenz.

Das Fachwissen umfasst dabei das Wissen über Theorien, Modelle und empirische Erkenntnisse, die sich auf das Fachgebiet der Lehrperson aber auch auf den Beratungsinhalt (z. B. Teilleistungsstörungen, Suchtprobleme) beziehen. Zu den personalen Ressourcen zählen Schwarzer und Buchwald die Persönlichkeit des Beraters, das Beratungskonzept, die Erfahrung mit Beratung und die Reflexion. Unter dem Aspekt der sozialen Kompetenz werden Vertrauen, soziales Fingerspitzengefühl und kommunikative Sensibilität subsumiert. Als Berater-Skills werden Empathie, Herausarbeiten des Problems, Zielklärung, Gesprächstechniken und die Strukturierung von Gesprächen angeführt. In den Bereich der Bewältigungskompetenz fällt der konstruktive Umgang mit Spannungen und Konflikten und für den Bereich der Prozesskompetenz führen Schwarzer und Buchwald die Gestaltung des Beratungsvorgangs sowie damit zusammenhängend das Auftauen, Ändern und Stabilisieren von Verhaltensweisen an.

Allerdings wurden die bestehenden Konzepte von Beratungskompetenz bislang kaum empirisch überprüft und abgesichert. Dies wurde bereits 1983 von Scofield und Yoxtheimer allgemein für den Beratungsbereich festgestellt und gilt auch noch heute – insbesondere für den Bereich der Beratungskompetenz von Lehrern. Unterstrichen wird dies auch von Strasser und Gruber (2003), die bei ihrer Analyse des Forschungsstands zum Kompetenzerwerb in der Beratung zu dem Schluss kommen, dass die domänenspezifische Erstellung von Konzeptionen der Beratungskompetenz noch zu leisten ist.

Ein erster Ansatz zur empirischen Überprüfung eines Modells zur Beratungskompetenz von Lehrpersonen findet sich bei Hertel (2009). Basierend auf einer Literaturrecherche wurden zentrale Aspekte der Beratungskompetenz zusammengestellt und zur Erstellung eines Lehrerfragebogens herangezogen. Aus den Daten der Lehrpersonen wurde dann mittels einer Faktorenanalyse ein erstes Modell der Beratungskompetenz von Lehrern entwickelt. In einer weiteren Lehrerbefragung konnte das Modell mittels konfirmatorischer Analysen bestätigt werden.

Hertel (2009) beschreibt in ihrem Modell zur Beratungskompetenz von Lehrpersonen fünf Kompetenzbereiche, die sich empirisch nachweisen ließen:

1. Personale Ressourcen,
2. Soziale Kooperationskompetenz,

3. Berater-Skills und pädagogisches Wissen,
4. Prozesskompetenz und
5. Bewältigungskompetenz.

Die Bezeichnung der Kompetenzbereiche erfolgte in Anlehnung an Bromme (1997) sowie Schwarzer und Buchwald (2006). **Abbildung 5.1** zeigt das von Hertel (2009) vorgeschlagene Modell.

Personale Ressourcen	Soziale Kooperationskompetenz	Berater-Skills und pädagogisches Wissen	Prozesskompetenz	Bewältigungskompetenz
Selbstreflexion Beachtung der eigenen Gefühle Task-Monitoring	kooperative Einstellung kooperatives Handeln Beachtung der Gefühle des Gesprächspartners	diagnostische Kompetenz Gesprächskompetenz	Ziel- und Ressourcenorientierung Anpassung der Beratungsstrategien	Umgang mit schwierigen Gesprächssituationen Umgang mit Kritik von Eltern

Abb. 5.1: Dimensionen der Beratungskompetenz von Lehrpersonen (Hertel, 2009)

Nach diesem Modell sind im Bereich der *personalen Ressourcen* insbesondere die Reflexion über das eigene Handeln (Selbstreflexion), die Beachtung der eigenen Gefühle und das Überprüfen und Überwachen des Beratungsauftrags (Task-Monitoring) relevant. Diese Kompetenzfacette umfasst demnach Aspekte, die in den Bereich des von Strasser und Gruber (2003) eingeführten Konzepts der reflektierten Erfahrung fallen. Zur *sozialen Kooperationskompetenz* zählen die kooperative Einstellung und das kooperative Handeln sowie die Beachtung der Gefühle des Gesprächspartners während des Gesprächs. Dieser Kompetenzbereich umfasst Aspekte, die für ein Eingehen auf den Gesprächspartner, die Perspektivenübernahme sowie für das Einbinden des Gegenübers in den Gesprächsverlauf relevant sind. Der Kompetenzbereich *Berater-Skills und pädagogisches Wissen* umfasst die diagnostische Kompetenz von Lehrpersonen (hier speziell im Sinne einer Diagnostik von Lernproblemen und Auffälligkeiten beim Lernen) sowie die Gesprächskompetenz (z. B. Aktives Zuhören, Paraphrasieren). Das Thematisieren und Einbinden von Zielen und Ressourcen aller Beteiligten in den Beratungsprozess sowie eine Anpassung der Beratungsstrategien an die spezifische Beratungssituation sind die Kernaspekte der *Prozesskompetenz*. Die fünfte Kompetenzdimension, *Bewältigungskompetenz*, umfasst den Umgang mit schwierigen Gesprächssituationen (z. B. wenn Eltern weinen) und den Umgang mit Kritik von Eltern.

Dieses Modell ist ein erster Ansatz – die Definition des Konstruktes *Beratungskompetenz von Lehrern* ist damit noch nicht abgeschlossen, sondern es bedarf weiterer Forschung in diesem Bereich. Dabei kann dieses Modell Ausgangspunkt für weitere Untersuchungen zur Modellierung der Beratungskompetenz von Lehrern sein. Neben der Ausarbeitung der Kompetenzdimensionen ist auch die Frage nach dem Zusammenhang der Dimensionen untereinander sehr interessant und von hoher praktischer Relevanz.

5.4 Ansätze zur Erfassung von Beratungskompetenz bei Lehrpersonen

Um die Kompetenz eines Beraters zu erfassen, werden in der Beratungspraxis meistens Selbsteinschätzungen herangezogen. In einer Analyse der eingesetzten Instrumente zur Erfassung der Beratungskompetenz auf der Grundlage von 235 veröffentlichten Studien fanden Scofield und Yoxtheimer bereits 1983 heraus, dass 70 % der eingesetzten Instrumente Rating-Skalen waren. Strukturierte Verhaltensbeobachtungen (11 %) oder schriftlich zu beantwortende Fallbeispiele (8 %) fanden sich vergleichsweise selten. Zudem zeigte sich, dass sich die Erfassung der Beratungskompetenz meist auf die interpersonalen Kompetenzen des Beraters konzentrierte (91 %). Problemlösekompetenz und Beratungsstrategien wurden hingegen vergleichsweise selten erfasst (9 %).

In der wissenschaftlichen Literatur werden Selbstbeurteilungen als subjektive Verfahren aufgefasst, die für eine objektive Kompetenzmessung wenig geeignet sind. Nach Kauffeld (2005) ist die Verhaltensbeobachtung in realen Situationen ein sehr guter Ansatz zur Erfassung von Kompetenzen. Allerdings ist dies sehr aufwändig und in Beratungssituationen an Schulen auch im Hinblick auf den Datenschutz nicht ohne weiteres möglich. Eine Zusammenstellung von Methoden zur Messung von Verhalten findet sich bei Ollendick, Alvarez und Greene (2004). Sie führen in ihrem Übersichtsartikel folgende Methoden auf:

Verhaltensbezogene Interviews als eine in klinischen Handlungsfeldern häufig verwendete und wichtige Methode. Durch (strukturierte) Fragen werden Informationen über relevante Verhaltensweisen und auslösende Bedingungen erfasst.

Ratings und Checklisten als ökonomische Methode, um globale Einschätzungen von relevanten Bezugspersonen zu erhalten. Meist werden breite Bereiche allgemeiner Handlungsfähigkeit abgedeckt. Ziel ist es, Dimensionen bzw. Verhaltensmuster zu erfassen, die das Verhalten der Person charakterisieren. Sie bieten eine Ergänzung zu den verhaltensbezogenen Interviews.

Selbst-Beobachtungsinstrumente im Sinne von Ratings und Einschätzungen der persönlichen Einstellungen, emotionalen Stimmungen, generellen Verhaltensweisen usw. Dabei sollte in Erwägung gezogen werden, dass Selbsteinschätzungen nicht immer mit dem tatsächlich beobachtbaren Verhalten übereinstimmen. Dennoch liefern sie wichtige Informationen über die Person und ihr Verhalten.

Self-Monitoring als Form der Selbstbeobachtung, die direkt zum Zeitpunkt des Auftretens der Verhaltensweise stattfindet. Das Verhalten wird von der Person selbst beobachtet und dann systematisch protokolliert. Das Protokollieren erfolgt in der Regel direkt nach dem Auftreten der Verhaltensweise bzw. nur sehr wenig später, z. B. durch Einträge in ein Tagebuch.

Verhaltensbeobachtungen im natürlichen Kontext sind ein zentraler Zugangsweg zur Erfassung von Verhalten. In Beobachtungssystemen werden spezifische Verhaltensweisen operational definiert und somit der systematischen Beobachtung und Erfassung zugänglich gemacht. Auch vorangehendes und folgendes Verhalten kann erfasst werden.

Ergänzend führen Steele Shernoff und Kratochwill (2004) die Erfassung von Verhalten in analogen bzw. nachgestellten Situationen als Ansatz der Verhaltensmessung an. Hier wird das Verhalten in Situationen beobachtet, die dem natürlichen Erscheinungskontext sehr ähnlich sind. Dies bietet sich insbesondere bei Verhaltensweisen an, die im natürlichen Kontext nur selten auftreten und deshalb schwer zu beobachten sind.

In der wissenschaftlichen Literatur zeichnet sich die Tendenz ab, Kompetenzmessungen nicht mehr nur auf der Basis *einer* Erhebungsmethode durchzuführen, sondern verschiedene Informationsquellen heranzuziehen (z. B. Erpenbeck & von Rosenstiel, 2007; Ollendick, Alvarez & Greene, 2004; Steele Shernoff & Kratochwill, 2004). Entsprechende Ansätze, die Informationen aus unterschiedlichen Erhebungsquellen zur Kompetenzmessung heranziehen, werden als *multimethodale Messansätze* bezeichnet. Ein entscheidender Vorteil von multimethodalen Messansätzen ist, dass die Messung des Konstrukts verbessert und spezifische Methodeneffekte erfasst werden können. Somit können die Nachteile einzelner Messmethoden kompensiert werden (Diener & Eid, 2006). Wird nur ein Instrument zur Kompetenzmessung herangezogen (*monomethodaler Messansatz*), ist dies nicht möglich. Der Entwicklung der Instrumente sollte eine klare Definition des Kompetenzbegriffs für das zu erfassende Konstrukt vorausgehen (vgl. Erpenbeck & von Rosenstiel, 2007; Hartig & Klieme, 2006). Dabei sollte auch die Ermittlung von Kompetenzdimensionen eingeschlossen sein, da diese in den Instrumenten abgebildet werden sollten, um eine valide Diagnostik zu ermöglichen (vgl. Franke, 2005).

Für die Entwicklung eines Diagnostikansatzes der Beratungskompetenz von Lehrpersonen ist demnach ein multimethodaler Ansatz zu bevorzugen, der unterschiedliche Instrumente umfasst. Der Entwicklung der Instrumente ist eine Definition des Konstrukts *Beratungskompetenz von Lehrpersonen* voranzustellen. In die Diagnostik sollten direkte Verhaltensbeobachtungen und indirekte Selbsteinschätzungen einbezogen werden. Dementsprechend sind Beobachtungsverfahren und Paper-Pencil-Verfahren zu kombinieren. Da Beratungsgespräche im Schulalltag aufgrund von Datenschutzbestimmungen nicht direkt beobachtet werden können, sollte die Verhaltensbeobachtung in einer analogen Situation erfolgen (vgl. Steele Shernoff & Kratochwill, 2004). Dazu können Rollenspielsituationen eingesetzt werden, die den reellen Beratungssituationen im Schulalltag nachempfunden sind. Nach Gallagher und Hargie (1989) sind alltagsnahe Rollenspiele ebenfalls eine valide Technik, um Beratungskompetenz zu erfassen.

Die folgende **Abbildung 5.2** zeigt ein Beispiel für einen multimethodalen Ansatz zur Diagnostik von Beratungskompetenz, der die oben genannten Aspekte berücksichtigt. Er wurde von Hertel (2009) entwickelt und in Studien mit (angehenden) Lehrpersonen erprobt.

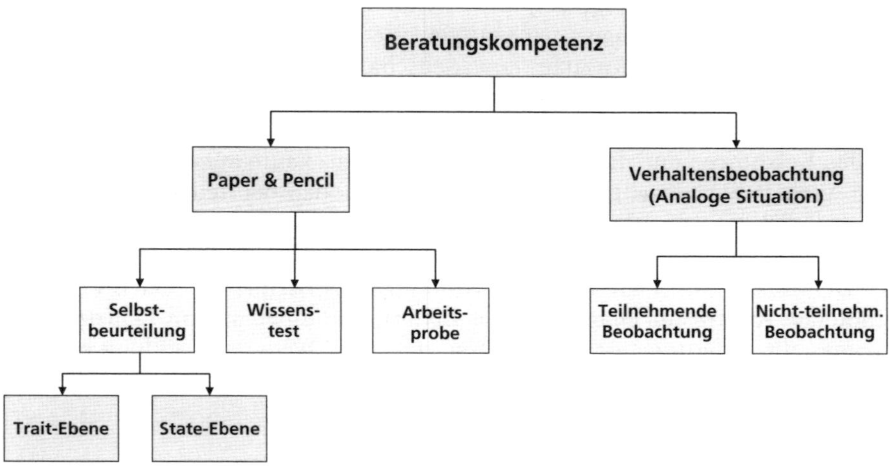

Abb. 5.2: Multimethodaler Ansatz zur Diagnostik der Beratungskompetenz (Hertel, 2009, S. 59)

Der Entwicklung dieses multimethodalen Ansatzes zur Diagnostik der Beratungskompetenz ging die Definition des Konstrukts Beratungskompetenz von Lehrpersonen voraus (siehe Kapitel 5.3). Die fünf unterschiedenen Kompetenzdimensionen (personale Ressourcen, soziale Kooperationskompetenz, Berater-Skills und pädagogisches Wissen, Prozesskompetenz und Bewältigungskompetenz) wurden bei der Entwicklung der Instrumente berücksichtigt. Die Diagnostik erfolgt durch vier Paper-Pencil-Verfahren und zwei Verfahren der Verhaltensbeobachtung in analogen Situationen (simulierte Beratungsgespräche im Rollenspiel).

Im Bereich der Paper-Pencil-Verfahren wurden zwei Selbstbeurteilungsfragebögen eingesetzt, in denen die Lehrpersonen ihre Beratungskompetenz im Schulalltag im Allgemeinen (Trait-Ebene) und in der simulierten Beratungssituation im Spezifischen (State-Ebene) beurteilen sollten. Zusätzlich wurde ein Wissenstest entwickelt, der beratungsbezogenes und diagnostisches Wissen der Lehrpersonen erfasst. Das vierte Paper-Pencil-Instrument waren Arbeitsproben: Hier wurden den Lehrpersonen kurze Fallszenarien mit der Instruktion vorgegeben, das Vorgehen in einem Beratungsgespräch zu dem jeweiligen Fall zu skizzieren.

Im Bereich der Verhaltensbeobachtung in analogen Situationen wurden zunächst Fallbeschreibungen für die Simulation von Beratungsgesprächen in Rollenspielen entwickelt. Dabei wurde darauf geachtet, dass die Situationen dem Schulalltag nachempfunden waren. In den Rollenspielen wurde dann das Beraterverhalten von einem anwesenden Beobachter beurteilt. Dem Beobachter, der selbst auch eine Lehrperson war, wurde ein Leitfaden zur Verfügung gestellt, der relevante Aspekte der Beratungskompetenz beinhaltete. Die simulierten Beratungsgespräche wurden mit Tonbandgeräten aufgezeichnet. Diese Aufzeichnung war die Grundlage für die nicht-teilnehmende Beobachtung. Die aufgezeichneten Beratungsgespräche wurden von Beurteilern anhand eines vorgegebenen Kategoriensystems ausgewertet.

Die Erprobung des Ansatzes in wissenschaftlichen Studien zeigte, dass sich die Dimensionen der Beratungskompetenz unterschiedlich gut mit den verschiedenen Instrumenten erfassen lassen. Beispielsweise ließen sich die personalen Ressourcen und die Bewältigungskompetenz kaum mit den Instrumenten zur Verhaltensbeobachtung in analogen Situationen beurteilen. Hingegen erwiesen sich die Instrumente zur Verhaltensbeobachtung als sehr hilfreich bei der Beurteilung der Berater-Skills und des pädagogischen Wissens.

Der Ansatz von Hertel (2009) wurde hier als Beispiel für einen multimethodalen Ansatz zur Diagnostik der Beratungskompetenz von Lehrpersonen vorgestellt. Allerdings ist festzuhalten, dass eine Weiterentwicklung entsprechender diagnostischer Ansätze erfolgen sollte.

5.5 Zusammenfassung

Professionelle Kompetenzen im Bereich der Beratung von Schülern und Eltern werden in aktuellen Konzepten zur Handlungskompetenz von Lehrpersonen aufgeführt. Damit wird der Entwicklung Rechnung getragen, dass Lehrpersonen tagtäglich Beratungsaufgaben wahrnehmen und dass der Anteil an Beratungsaufgaben sicherlich weiter steigen wird. Allerdings wird in den Konzepten nicht weiter spezifiziert, was mit Beratungswissen oder Beratungskompetenz letztlich gemeint ist bzw. wie sich diese Konstrukte definieren lassen. In der pädagogisch-psychologischen Literatur finden sich viele unterschiedliche Ansätze zur Definition von Beratungskompetenz, allerdings meist ohne eine empirische Überprüfung. In diesem Kapitel wurde eine theoriegeleitet entwickelte, empirisch überprüfte Definition von Beratungskompetenz vorgestellt. Dabei wurden fünf Kompetenzdimensionen unterschieden: Personale Ressourcen, soziale Kooperationskompetenz, Berater-Skills und pädagogisches Wissen, Prozesskompetenz und Bewältigungskompetenz. Die vorgestellte Definition ist dabei ein erster Definitionsansatz; weitere Forschung in diesem Bereich ist notwendig. Allerdings kann dieses Modell dann Ausgangspunkt für weitere Untersuchungen zur Modellierung der Beratungskompetenz von Lehrern sein. Zusätzlich zur Bestimmung von Kompetenzdimensionen ist auch die Frage nach ihrem Zusammenhang untereinander von Bedeutung.

Neben den Definitionen von Beratungskompetenz und Beratungswissen ist eine weitere wichtige Frage die nach der Umsetzung dieser Konstrukte in Instrumenten zur Kompetenzdiagnostik. Eine Definition – auch unter Spezifikation einzelner Kompetenzdimensionen – ist eine zentrale Grundlage für die Entwicklung von Messinstrumenten. In der wissenschaftlichen Literatur zeichnet sich die Tendenz ab, Kompetenzmessungen nicht mehr nur auf der Basis *einer* Erhebungsmethode durchzuführen, sondern verschiedene Informationsquellen heranzuziehen. Solche Ansätze werden als *multimethodale Messansätze* bezeichnet. Sie haben den entscheidenden Vorteil, dass die Messung des Konstrukts verbessert und spezifische Methodeneffekte erfasst werden können. Die Nachteile einzelner Messmethoden können auf diese Weise kompensiert werden. In diesem Kapitel wurde ein Ansatz zur Diagnostik der Beratungskompetenz vorgestellt, der sich auf Selbsteinschätzungen, Arbeitsproben, Verhaltensbeobachtungen und Wissenstests bezieht. Dieser Ansatz wurde in der Praxis erprobt und hat sich bewährt.

6 Rahmenbedingungen von pädagogisch-psychologischer Beratung und Voraussetzungen von Beratungskompetenz

6.1 Was unterscheidet pädagogisch-psychologische Beratung von Psychotherapie?

Wie in Kapitel 4 bereits dargestellt wurde, beziehen sich psychotherapeutische Ansätze und die pädagogisch-psychologische Beratung zumindest anteilig auf eine gemeinsame Theoriebasis. Die in der Beratung eingesetzten Strategien und Techniken entstammen meist psychotherapeutischen Konzepten und Behandlungsmethoden. Dementsprechend ist eine klare Abgrenzung zwischen pädagogisch-psychologischer Beratung und Psychotherapie nur schwer möglich. Einige Autoren vertreten den Standpunkt, dass es keine klare Abgrenzung zwischen Beratung und Therapie geben kann (z. B. Sander, 1999; Steinebach, 2006). Nach Krause (2003) hingegen sind die Übergänge fließend, wobei Unterschiede zwischen Beratung und Therapie für bestimmte Aspekte auf einem Kontinuum von *mehr* bzw. *weniger* beschrieben werden können (siehe Sander, 1999; Strasser & Gruber, 2003).

Allerdings – auch wenn eine Abgrenzung hinsichtlich der grundlegenden, theoretischen Konzepte und der eingesetzten Methoden schwer möglich erscheint – lässt sich ein wesentliches Unterscheidungsmerkmal von Beratung und Therapie benennen: die Ausrichtung des Beratungsangebots. Pädagogisch-psychologische Beratungsangebote umfassen in der Regel nicht-pathologische Problemfälle; dagegen ist das Angebot der Psychotherapie vornehmlich auf pathologische Problemfälle ausgerichtet (Elbing, 2000).

Weitere Unterscheidungsmerkmale sind der zeitliche Umfang der Beratung, die Bearbeitungstiefe von Problemen, die Rahmenbedingungen sowie die Schwerpunkte, die im Beratungsprozess gesetzt werden. Eine Übersicht dieser Unterscheidungsmerkmale gibt **Tabelle 6.1**; die Zusammenstellung erfolgte in Anlehnung an Tausch (1997), Sander (1999) und Steinebach (2006).

Eine pädagogisch-psychologische Beratung bezieht sich demnach auf nicht-pathologische Problemstellungen aus dem pädagogisch-psychologischen Handlungsfeld. Sie erstreckt sich im Vergleich zu einer Psychotherapie über einen kurzen zeitlichen Rahmen. Unbewusste Elemente werden im Rahmen der Beratung nicht thematisiert, vielmehr wird der Schwerpunkt auf klar umschriebene Problemstellungen und Zielsetzungen gelegt. Dementsprechend stehen in der Beratung das Setzen von Zielen und das Finden von Lösungen im Mittelpunkt. Dabei kann pädagogisch-psychologische Beratung sowohl freiwillig,

auf Anfrage des Ratsuchenden als auch in institutionellem Auftrag durchgeführt werden. Im zweiten Fall haben dann sowohl der Berater als auch der Ratsuchende ein Interesse an der Lösung des Problems, für beide können sich aus der Beratung Handlungsfolgen ergeben.
Das Beratungsangebot in der Psychotherapie bezieht sich hingegen insbesondere auf pathologische Problemstellungen, die im Rahmen der Therapie behandelt werden sollen. Der Beratungsprozess ist demnach längerfristig angelegt und bezieht – in Abhängigkeit von der Therapieform – auch Unbewusstes mit ein. Im Mittelpunkt der Therapie stehen Wachstums- und Lernprozesse beim Klienten, die dann auch im Zusammenhang mit einer Entwicklung der gesamten Persönlichkeit stehen. Oft wird in der Therapie auch die Beziehungsstruktur des Klienten weiter analysiert, um daraus Ansatzpunkte für den weiteren Therapieprozess abzuleiten. Eine Psychotherapie basiert auf einer freiwilligen Übereinkunft von Therapeut und Klient, sich auf eine therapeutische Beziehung und ein therapeutisches Arbeiten einzulassen.

Tab. 6.1: Merkmale zur Unterscheidung von pädagogisch-psychologischer Beratung und Psychotherapie (Hertel, 2009, S. 41)

Pädagogisch-psychologische Beratung	Psychotherapie
Das Beratungsangebot bezieht sich auf nicht-pathologische Problemstellungen	Das Therapieangebot bezieht sich überwiegend auf pathologische Problemstellungen
Beratungsprozess erstreckt sich über kurze Zeit	Therapieprozess ist längerfristig angelegt
Verzichtet auf die Thematisierung von unbewussten Elementen	Bezieht Unbewusstes oft mit ein
Wird auch in institutionellem Auftrag durchgeführt; sowohl Klient als auch Berater haben ein Interesse an der Problemlösung	Wird im Rahmen von freiwilliger Übereinkunft von Therapeut und Klient durchgeführt
Im Mittelpunkt der Beratung stehen klar umschriebene Problemstellungen und Zielorientierungen	Im Mittelpunkt der Therapie stehen Wachstumsprozesse beim Klienten
Fokussiert auf die Lösungsfindung und das Ziel	Fokussiert oft auf die Beziehungsstruktur des Klienten

Wie bereits ausgeführt, sind die dargestellten Aspekte zur Unterscheidung von pädagogisch-psychologischer Beratung und Psychotherapie jedoch nicht als stringente Unterscheidungsmerkmale, sondern als mehr oder weniger starke Ausprägungen zu verstehen (vgl. Sander, 1999) – eine Ausnahme bildet die Ausrichtung des Beratungsangebots (nicht-pathologische Probleme vs. pathologische Probleme).

6.2 Netzwerk von Beratungsinstanzen und Therapeuten als Unterstützung bei der Beratungsarbeit

Im Hinblick auf Beratungsanlässe, denen Lehrpersonen in ihrem Berufsalltag gegenüberstehen, ist die Unterscheidung von pathologischen und nicht-pathologischen Problemstellungen besonders bedeutsam. Nur wenige Lehrkräfte haben neben einer Lehrbefähigung auch eine Ausbildung zum Psychologischen Psychotherapeuten abgeschlossen. Dementsprechend richtet sich der Beratungsauftrag für die meisten Lehrpersonen ausschließlich auf nicht-pathologische Problemstellungen, insbesondere im Bereich des Lernens (siehe Kapitel 3.1 und Kapitel 3.2). Allerdings werden Lehrpersonen in ihrem Schulalltag oft auch mit pathologischen Problemen von Schülern und Eltern konfrontiert, denn nicht selten sind Lehrpersonen erste Ansprechpartner. Pathologische Beratungsanlässe fallen in den Bereich von Beratung als spezifische professionelle Aufgabe und gehören somit in die Hände von entsprechend ausgebildeten Personen (z. B. Psychotherapeuten, Mitarbeiter von Beratungsstellen etc.; vgl. Kapitel 3.2). Im Hinblick auf die Rollenklärung auf Seiten der Lehrperson und eine schnellstmögliche, qualifizierte Betreuung des Ratsuchenden sollte bei Anzeichen einer pathologischen Problemstellung direkt eine Zusammenarbeit mit Psychotherapeuten und/oder Beratungsstellen eingeleitet werden. Dabei ist es hilfreich, wenn die Schule in ein Netzwerk aus professionellen Beratungsdiensten und Therapeuten eingebettet ist, in dem eine kontinuierliche, intensive Zusammenarbeit besteht.

6.3 Voraussetzungen von Beratungskompetenz

6.3.1 Selbstreflexion

Kompetenzen sind nicht biologisch determiniert, sondern können erlernt werden (vgl. Hartig & Klieme, 2006; Weinert, 2001). Für den Kompetenzerwerb sind Erfahrungen in Anforderungs- und Handlungssituationen zentral (Hartig & Klieme, 2006). Um Rahmenbedingungen und Prozesse für den Kompetenzerwerb zu spezifizieren, kann auf Forschungsarbeiten zum arbeitsintegrierten Lernen sowie auf Erkenntnisse aus der Entwicklungspsychologie der Lebensspanne und der Expertiseforschung zurückgegriffen werden. Ein entsprechendes Rahmenmodell für den Kompetenzerwerb beschreiben Frey und Balzer (2005). Sie unterscheiden dabei zunächst zwischen den Eigenschaften der Person (z. B. generelle kognitive Fähigkeiten, Offenheit gegenüber neuen Erfahrungen), dem Erfahrungspotenzial der Arbeit (z. B. Komplexität der Anforderungen, Handlungsspielraum), den Rahmenbedingungen der Tätigkeit (z. B. Kooperationsmöglichkeiten, soziale Unterstützung) und begünstigenden Entwicklungskontexten (z. B. Bildung, soziale Netzwerke). Das Zusammenwirken dieser Aspekte resultiert in emotional-motivationalen Prozessen (z. B. positives Selbstbild, Neugier) und in Prozessen der Informationsverarbeitung (z. B. Selbstreflexion). Aus den emotional-motivationalen Prozessen und den Prozessen der Informationsverarbeitung resultiert schließlich die Kompetenzentwicklung. Im Hinblick auf die Entwicklung von Beratungskompetenz führen Strasser und Gruber (2003) insbesondere die reflektierte Erfahrung als relevanten Aspekt für die Kompetenzentwicklung auf. Hierbei geht es um ein Erkennen der Stärken und Schwächen im eigenen Beratungshandeln sowie um das Erkennen von Verbesserungsmöglichkeiten. Thiel (2003) führt zusätzlich zu dem Aspekt der Selbstreflexion auch die Rückmeldung von anderen als wichtige Rahmenbedingung für den Erwerb von Beratungskompetenz auf.

Bezogen auf die Entwicklung von Beratungskompetenz bei Lehrpersonen bedeutet dies, dass insbesondere

1. im Bereich der Rahmenbedingungen der Tätigkeit,
2. im Bereich der begünstigenden Erfahrungskontexte sowie
3. im Hinblick auf die Prozesse der Informationsverarbeitung und Reflexion Förderungsmöglichkeiten bestehen.

An dieser Stelle soll dabei allerdings weniger auf strukturelle Rahmenbedingungen wie beispielsweise das Vorhandensein eines Raumes für Beratungsgespräche oder eines Beratungskonzeptes an der Schule eingegangen werden. Vielmehr sollen Möglichkeiten aufgezeigt werden, Beratungssituationen zu schaffen, in denen Lehrpersonen reflektierte Erfahrung sammeln können.

Die Rahmenbedingungen für die Beratungstätigkeit an Schulen können verbessert werden, indem die Kooperationen im Kollegium und ein offener Austausch über Erfahrungen in Beratungssituationen (stellvertretende Erfahrung, Anregungen für die eigene Beratungsarbeit) explizit unterstützt und in den Schulalltag integriert werden. Die Lehrperson kann z. B. Beratungsgespräche immer gemeinsam mit einer Kollegin durchführen und dann deren Rückmeldung einholen. Begünstigende Erfahrungskontexte können geschaffen werden, indem Lehrpersonen in Beratungsgesprächen von Kollegen hospitieren und auch an Fortbildungen im Bereich der Beratungskompetenz teilnehmen. Solche Erfahrungskontexte können bereits in die Lehrerausbildung integriert werden, etwa indem Seminare zur Beratungsarbeit angeboten werden. Im Rahmen der Aus- und Fortbildung von Lehrpersonen im Bereich der Beratungskompetenz werden auch Prozesse der Informationsverarbeitung angeregt. Dabei sind insbesondere die Selbstreflexion über das eigene Verhalten in Beratungssituationen sowie die Reflexion über die eigenen Stärken und Schwächen in Beratungssituationen von Bedeutung. Durch eine Rückmeldung über die Beratungskompetenz können diese Reflexionsprozesse zusätzlich unterstützt werden. Wichtig ist allerdings, dass die Lehrpersonen auch dazu angeleitet werden, entsprechende Reflexionsprozesse auch in ihre Beratungspraxis im Schulalltag zu integrieren – hier können z. B. strukturierte Selbstreflexionsleitfäden hilfreich sein. Ein Beispiel für einen Leitfaden zur Reflexion eines Beratungsgesprächs ist in **Abbildung 6.1** dargestellt.

Gesprächshaltung & Gesprächstechniken	trifft überhaupt nicht zu	trifft überwiegend nicht zu	trifft eher nicht zu	trifft eher zu	trifft überwiegend zu	trifft voll und ganz zu
Ich habe im Gespräch …						
…den Eltern durch kurze verbale Äußerungen und meine Gestik/Mimik vermittelt, dass ich zuhöre.	☐	☐	☐	☐	☐	☐
…die Aussagen der Eltern strukturiert, zusammengefasst und mit meinen eigenen Worten wiedergegeben.	☐	☐	☐	☐	☐	☐
…die emotionalen Anteile in den Aussagen der Eltern wahrgenommen und in meinen Worten widergespiegelt.	☐	☐	☐	☐	☐	☐
…die Gefühle der Eltern nachempfunden.	☐	☐	☐	☐	☐	☐
…verstanden, was in den Eltern vorging, auch wenn ich manchmal eine andere Einstellung zum Thema hatte.	☐	☐	☐	☐	☐	☐
…darauf geachtet, dass ich stets auf das Finden einer Lösung hinarbeite.	☐	☐	☐	☐	☐	☐
…versucht, die Beratergrundhaltung mit den wichtigen Komponenten – Empathie, Ressourcenorientierung, Lösungsfokussierung, Eigenverantwortlichkeit des Ratsuchenden und Kontextberücksichtigung – im Auge zu behalten und danach zu beraten.	☐	☐	☐	☐	☐	☐
…versucht, die Gesprächsstruktur „Problemdefinition, Erklärungsmodelle, Lösungsversuche und Ziele" einzuhalten.	☐	☐	☐	☐	☐	☐
…Gesprächs-und Fragetechniken eingesetzt (Zielfragen, Skalierungsfragen, Vereinbarungen, konstruktive W-Fragen etc.), um das Gespräch zu lenken.	☐	☐	☐	☐	☐	☐

Abb. 6.1: Beispiel für einen Leitfaden zur Reflexion eines Beratungsgesprächs

Strukturierung von Elterngesprächen	trifft überhaupt nicht zu	trifft überwiegend nicht zu	trifft eher nicht zu	trifft eher zu	trifft überwiegend zu	trifft voll und ganz zu
Im Gespräch habe ich zusammen mit den Eltern…						
…konkrete Ziele erarbeitet und festgehalten.	☐	☐	☐	☐	☐	☐
…überlegt, welche Maßnahmen die Eltern und der Schüler selbst durchführen können.	☐	☐	☐	☐	☐	☐
…mögliche Hindernisse bei der Umsetzung der Aufgaben und Lösungsmöglichkeiten überlegt.	☐	☐	☐	☐	☐	☐

Selbstbeobachtung während des Gesprächs	trifft überhaupt nicht zu	trifft überwiegend nicht zu	trifft eher nicht zu	trifft eher zu	trifft überwiegend zu	trifft voll und ganz zu
Im Verlauf des Elterngesprächs, habe ich…						
…von Zeit zu Zeit über mein Vorgehen und die nächsten Schritte nachgedacht.	☐	☐	☐	☐	☐	☐
…festgestellt, wenn ich im Gespräch abgeschweift bin.	☐	☐	☐	☐	☐	☐
…darauf geachtet, mein inhaltliches Konzept umzusetzen.	☐	☐	☐	☐	☐	☐

Abb. 6.1: Beispiel für einen Leitfaden zur Reflexion eines Beratungsgesprächs (Fortsetzung)

6.3.2 Diagnostische Kompetenz als Voraussetzung von Beratungskompetenz

Lern- und Leistungsdiagnostik zählen zu den zentralen Aspekten des Lehrerhandelns, sowohl vor dem Hintergrund der Unterrichtsgestaltung als auch im Hinblick auf die individuelle Förderung und Beratung. So wird es auch in den Standards der Lehrerbildung der Kultusministerkonferenz (KMK, 2004) formuliert (Kompetenzbereich Beurteilen, Kompetenz 7): „Lehrerinnen und Lehrer diagnostizieren Lernvoraussetzungen und Lernprozesse von Schülerinnen und Schülern; sie fördern Schülerinnen und Schüler gezielt und beraten Lernende und deren Eltern.“.

Im Schulalltag nehmen Lehrpersonen in unterschiedlichen Situationen (im Unterricht, außerhalb des Unterrichts) diagnostische Urteile vor, die sowohl zu einer Förderung des Lernens als auch zu einer Beurteilung des Leistungsstands herangezogen werden können (Schrader, 2008). In Beratungssituationen mit Eltern und Schülern sind die diagnostischen Urteile der Lehrpersonen sehr wichtig, denn sie sind oft Ausgangspunkt der Beratung bzw. liefern Ansatzpunkte für die Lösungsfindung. Trifft die Beurteilung der Lern- und Leistungssituation nicht zu, wird evtl. die Notwendigkeit einer Förderung nicht erkannt und es wird kein Beratungsgespräch angeboten – oder die Suche nach Lösungswegen und die vorgeschlagenen Strategien führen nicht zu einem Erfolg, da sie nicht an dem eigentlichen Problem ansetzen.

Die diagnostische Kompetenz der Lehrperson ist demnach eine wichtige Voraussetzung für den erfolgreichen Beginn eines Beratungsprozesses. In der Literatur wird die Bedeutung der diagnostischen Expertise insbesondere im Zusammenhang mit dem Unterrichtsgeschehen und der Unterrichtsqualität thematisiert (z. B. Helmke, 2003). Die Diagnostik kann dabei sowohl auf Ebene des Klassenverbandes als auch auf Ebene einzelner Schülerinnen und Schüler erfolgen. Für Lernberatungssituationen ist die diagnostische Kompetenz, so wie sie von Weinert (2001) beschrieben wurde, zentral: Er beschreibt diagnostische Kompetenz als Fähigkeiten, den Kenntnisstand, die Lernfortschritte und Leistungsprobleme einzelner Schüler zu erkennen und zu beurteilen. Das diagnostische Urteil kann dann Ausgangspunkt für eine individuelle Förderung und die Optimierung von Lehr-Lern-Prozessen sein.

Nach Schrader (2008, S. 169) lassen sich vier Diagnoseaufgaben im Hinblick auf die Optimierung von Lehr-Lern-Prozessen unterscheiden:

- Feststellung von Lernvoraussetzungen,
- Abklärung von Ursachen,
- Überwachung des Lehr-Lern-Prozesses und
- Ermittlung und Bewertung von Lernergebnissen.

Um zu einem zutreffenden diagnostischen Urteil zu kommen, können Lehrpersonen auf unterschiedliche Quellen der Informationsgewinnung zurückgreifen,

z. B. diagnostische Test- und Fragebogenverfahren oder selbst entwickelte Tests. Auch das Einholen eines weiteren Urteils, z. B. von einem anderen Lehrer oder einer Schulpsychologin, kann hilfreich sein. Zusätzlich ist es wichtig, dass Lehrpersonen auch Kenntnisse darüber aufweisen, welchen Kriterien diagnostische Urteile genügen sollten und welche Fehler beim diagnostischen Beurteilen auftreten können (Helmke, 2009).

In dem in Kapitel 5.3 dargestellten Modell der Beratungskompetenz von Lehrpersonen nach Hertel (2009) wurde die diagnostische Kompetenz dem Bereich Berater-Skills und pädagogisches Wissen zugeordnet. Darunter fallen sowohl Aspekte der Diagnostik von Lernproblemen als auch die Kenntnis von Förder- und Unterstützungsstrategien. Die theoretischen Ausführungen legen nahe, dass die diagnostische Kompetenz eine zentrale Voraussetzung für Beratungskompetenz ist. Allerdings liegen bislang noch keine empirischen Befunde dazu vor.

6.4 Zusammenfassung

In der pädagogisch-psychologischen Beratung werden Strategien und Techniken eingesetzt, die meistens psychotherapeutischen Konzepten und Behandlungsmethoden entstammen. Folglich ist eine klare Abgrenzung zwischen pädagogisch-psychologischer Beratung und Psychotherapie auf der Grundlage von Gesprächsführungsstrategien und -techniken oder theoretischen Konzepten nur schwer möglich. Ein zentrales Unterscheidungskriterium ist die Ausrichtung des Beratungsangebots: Pädagogisch-psychologische Beratungsangebote umfassen in der Regel nicht-pathologische Problemfälle, dagegen ist das Angebot der Psychotherapie vornehmlich auf pathologische Problemfälle ausgerichtet. Weitere Unterscheidungsmerkmale sind der zeitliche Umfang der Beratung, die Bearbeitungstiefe von Problemen, die Rahmenbedingungen sowie die Schwerpunkte, die im Beratungsprozess gesetzt werden.

Wichtige Voraussetzungen für den Erwerb von Beratungskompetenz sind die reflektierte Erfahrung (Selbstreflexion) – also das Erkennen von persönlichen Stärken und Schwächen sowie von Verbesserungsmöglichkeiten – und die Rückmeldung über die Kompetenzentwicklung. Im Rahmen von Trainingsprogrammen lassen sich diese Elemente integrieren (siehe Kapitel 7.1.1). Im Hinblick auf die erfolgreiche Gestaltung eines Beratungsgespräches bzw. eines Beratungsprozesses ist die diagnostische Kompetenz der Lehrperson eine wichtige Voraussetzung: Um Lehr-Lern-Prozesse optimieren zu können, sind diagnostische Tätigkeiten im Bereich der Feststellung von Lernvoraussetzungen, dem Abklären von Ursachen, der Überwachung von Lehr-Lern-Prozessen sowie der Ermittlung und Bewertung von Lernergebnissen wichtig.

7 Aus- und Fortbildung von Lehrpersonen im Bereich der Beratungsarbeit

Bisher wurde der Bereich der Schüler- und Elternberatung in der Aus- und Fortbildungvon Lehrpersonen kaum berücksichtigt (z. B. Freyaldenhoven, 2005). Vielmehr wird darauf hingewiesen, dass es in der Lehrerausbildung an einer Schulung der Gesprächsführung mangelt (Friedrich, 2002). Im Rahmen ihrer Ausbildung werden angehende Lehrerinnen und Lehrer nur selten auf die Inhalte der Schüler- und Elternberatung vorbereitet (siehe **Abb. 7.1**). Dies hat zur Folge, dass sich viele Lehrpersonen nicht ausreichend für die Beratungssituationen des Schulalltags ausgebildet fühlen. Auch Lehrpersonen, die über umfassende Berufserfahrung verfügen, fühlen sich für die Beratungsarbeit oft nicht ausreichend qualifiziert (z. B. Freyaldenhofen, 2005; Hopf, 1982).

Ergebnisse einer Befragung von Lehrpersonen[3] unterstreichen dies: 93 % der befragten Lehrpersonen fühlen sich durch ihre Ausbildung überhaupt nicht bzw. eher nicht auf Beratungsgespräche vorbereitet, 60 % der Befragten wünschen sich eine Fortbildung in diesem Bereich (Hertel, 2009).

Offensichtlich kann die Zurückhaltung auf Seiten von Lehrpersonen, Beratungsgespräche anzubieten, zu einem erheblichen Anteil auf Defizite in der Lehreraus- und -weiterbildung in diesem Kompetenzbereich zurückgeführt werden.

Diese Vermutung wird unterstützt durch Befunde einer Studie von Wild (2003), in der sich ein signifikanter Zusammenhang zwischen dem wahrgenommenen Mangel an geeigneten Fortbildungsmöglichkeiten und der Zurückhaltung in der Kooperation mit Eltern zeigte: Lehrpersonen, die die Fortbildungssituation als ungenügend einschätzten, arbeiteten nach eigenen Angaben seltener mit Eltern zusammen.

Die Qualität der Aus- und Weiterbildung von Lehrpersonen im Bereich der Beratungsarbeit ist eine wichtige Voraussetzung für eine aktive Zusammenarbeit von Lehrpersonen und Eltern.

Bislang jedoch ist eine entsprechende Qualifizierung im Bereich der Schüler- und Elternberatung meist ausgeblieben. Die Schüler- und Elternberatungen basieren infolgedessen meist auf den persönlichen Erfahrungen der Lehrperson – nicht jedoch auf professioneller, pädagogisch-psychologischer Beratungskompetenz.

3 126 Lehrerinnen und Lehrer, die an Gymnasien unterrichteten.

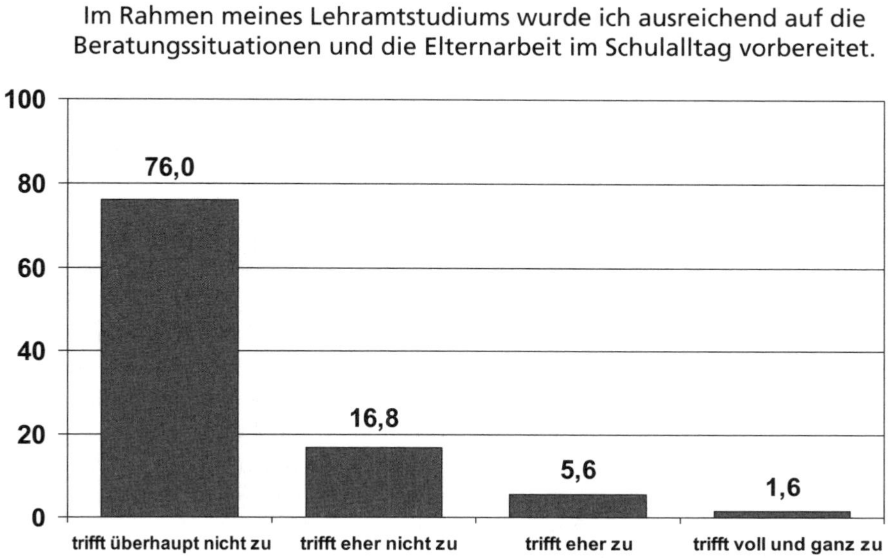

Abb. 7.1: Vorbereitung auf Beratungssituationen und Elternarbeit während des Lehramtsstudiums

Nach Freyaldenhofen (2005) kann dies auch darauf zurückgeführt werden, dass eine Ausbildung in den Bereichen Beratung und Gesprächsführung im Lehramtstudium, im Referendariat und in der Lehrerfortbildung – sofern sie angeboten wird – nicht verpflichtend ist. Viele Lehrpersonen sind nicht zu Beratern ausgebildet. Eine Ausnahme bilden jene Lehrpersonen, die sich bewusst für eine Ausbildung zum Beratungslehrer entscheiden und im Rahmen der Weiterbildung Beratungskompetenzen erwerben.

Exkurs: Beratungslehrerausbildung

In den meisten Ländern der Bundesrepublik Deutschland werden Weiterbildungslehrgänge zum Beratungslehrer angeboten. Interessierte Lehrer können sich dann für die Teilnahme an einem solchen Kurs bewerben. Eine Auswahl erfolgt in den meisten Ländern auf der Grundlage einer schulfachlichen und/oder schulpsychologischen Stellungnahme. Die Weiterbildung zum Beratungslehrer erfolgt berufsbegleitend und oft ist eine mehrjährige Berufserfahrung Voraussetzung für die Teilnahme an einer entsprechenden Qualifizierungsmaßnahme.

Die Weiterbildungsangebote sind dabei in der Regel auf einen längeren Zeitraum – mindestens über 12, häufig über 24 Monate – angelegt. Sie umfassen Selbststudiumseinheiten, intensive Fallarbeit und Hospitationen. Vermittelt werden Inhalte aus der Psychologie, der Pädagogik und der Soziologie sowie beratungsbezogene Aspekte: Konzepte und Methoden der Beratungspsychologie, pädagogische Grundlagen der Beratung, Organisation von Beratungsarbeit, Beratungseinrichtungen. Eine ausführliche Darstellung findet sich bei Grewe und Wichterich (1999).

Im Schulalltag nehmen alle Lehrpersonen Beratungsaufgaben wahr – nicht nur solche, die eine spezielle Beratungslehrerausbildung absolviert haben. Deshalb sollten sich die Aus- und Fortbildungangebote auch an solche Lehrpersonen richten, die sich nicht für eine Beratungslehrerausbildung entscheiden. Das Ministerium für Schule und Weiterbildung des Landes Nordrhein-Westfalen weist im Rahmen des Erlasses „Beratungstätigkeit von Lehrpersonen in der Schule" (BASS 12-21, Nr. 4) darauf hin, dass die Beratungskompetenz aller Lehrpersonen durch entsprechende Fortbildungsveranstaltungen zu fördern ist.

Dabei ist positiv hervorzuheben, dass in den letzen Jahren die Zahl der Aus- und Fortbildungsangebote im Bereich der Elternarbeit und der Schüler- und Elternberatung gestiegen ist. Und Strasser und Gruber (2003) stellen fest, dass die wissenschaftliche Fundierung und Professionalisierung im Bereich der pädagogisch-psychologischen Beratung zunehmen. Dennoch sind diese Aspekte in der Hochschulausbildung und Fortbildung von Lehrpersonen noch zu wenig verankert (Grewe, 2005). Im folgenden Abschnitt werden Ansätze zur Förderung von Beratungskompetenz aufgezeigt, und es wird exemplarisch ein empirisch evaluiertes Trainingskonzept zur Schulung der Beratungskompetenz von (angehenden) Lehrpersonen vorgestellt.

7.1 Ansätze zur Förderung von Beratungskompetenz

Es lassen sich mindestens zwei Ansätze zur Förderung der Beratungskompetenz in der Praxis unterscheiden, die unterschiedlich intensiv verfolgt werden: Einerseits gibt es eine große Vielfalt an Ratgebern, die sich auf die Gestaltung von Kommunikation beziehen (z. B. Birkenbihl, 2004, Boettcher, 2004; Gührs & Nowak, 2006; Prior, 2004; Weisbach, 2003) oder auf therapeutische Ansätze (z. B. Sander, 1999; von Schlippe & Schweitzer, 2003; Vogt-Hillmann & Burr, 2006; Wolters, 2004). Manchmal sind sie auch konkret als Ratgeber für die Elternarbeit konzipiert (z. B. Bernitzke & Schlegel, 2004; Busch, 2000; Dusolt, 2001; Hennig & Ehinger, 1999; Korte, 2004). Andererseits existieren bereits einige Ansätze zur Förderung der Beratungskompetenz im Rahmen von Trainingsprogrammen (z. B. Bachmair et al., 1989; Egan, 2001). Einen Überblick über die zentralen Trainingskonzepte zur Beratung und Gesprächsführung geben Pallasch und Kölln (2002).

Die Evaluation der Trainingsprogramme zeigt, dass diese durchaus wirksam sind und dass bei den Teilnehmerinnen und Teilnehmern ein Ansteigen der Beratungskompetenz beobachtet werden kann. Dabei sollten im Rahmen des Trainingsprogramms sowohl das professionelle Wissen als auch die Prozessfertigkeiten der Lehrperson (des Beraters) im Hinblick auf die präventive, interventive und rehabilitative Beratung von Schülern und Eltern (Einzelpersonen) geschult werden (vgl. Schwarzer, 1997). Allerdings ist bisher nur wenig darüber bekannt, welche Aspekte des Trainings und welche Interventionselemente den Kompetenzzuwachs herbeiführen (Strasser & Gruber, 2003).

Im Folgenden wird ein Trainingsprogramm zur Förderung der Beratungskompetenz von Lehrpersonen vorgestellt, das erstens theoretisch fundiert ist und zweitens unterschiedliche Interventionselemente beinhaltet, deren Wirksamkeit wissenschaftlich überprüft wurde. Im Anschluss an die Beschreibung des Trainingsprogramms werden die zentralen Ergebnisse der Evaluation berichtet.

7.1.1 Trainingskonzept: Lehrpersonen beraten bei Lernschwierigkeiten

Darstellung des Trainingsprogramms

Das Trainingskonzept besteht aus vier Einheiten von jeweils 210 Minuten, die zur Vermittlung theoretischer Grundlagen und zur Übung von Gesprächsführungsstrategien und Beraterverhalten genutzt werden. Das Training basiert auf dem lösungs- und ressourcenorientierten Beratungsansatz und behandelt theoretische Konzepte zu Grundlagen der Kommunikation, zur systemischen Perspektive von Lernschwierigkeiten und zum selbstregulierten Lernen. Dabei werden die fünf Aspekte der Beratungskompetenz nach Hertel (2009) integriert. In praktischen Einheiten werden Gesprächsführungsstrategien und Fragetechniken eingeübt. **Tabelle 7.1** gibt einen Überblick über die Struktur des Trainings.

In jeder Trainingseinheit wechseln sich Abschnitte, in denen theoretische Grundlagen vorgestellt und erarbeitet werden, mit Abschnitten ab, in denen Techniken und Strategien eingeübt werden. Es werden jeweils mindestens zwei Gesprächsübungen durchgeführt, zusätzlich wird ein komplettes Beratungsgespräch im Rollenspiel simuliert. Im Anschluss erfolgt eine Reflexion über das Beraterverhalten.

Für jede Einheit wird ein thematisches Motto angegeben, das zu Beginn der Sitzung vorgestellt wird und die Motivation der (angehenden) Lehrpersonen erhöhen soll. In der Einstiegsphase bekommen die Teilnehmer zudem die Möglichkeit, von ihren Beratungserfahrungen und evtl. von Beratungsgesprächen in der vergangenen Woche zu berichten. Zu Beginn der ersten Einheit erhält jeder Teilnehmer einen Ordner mit allen Informationen und Leittexten zu den theoretischen Grundlagen, sodass eine Vor- und Nachbereitung der Inhalte möglich ist. Bei der Auswahl der Beratungsinhalte und der vermittelten Strategien wird auf das Prozessmodell des selbstregulierten Lernens (Schmitz & Wiese, 2006) sowie auf das Elternmodell (Bruder, Perels & Schmitz, 2004) zurückgegriffen.

Tab. 7.1: Struktur des Trainings zur Förderung der Beratungskompetenz in Studie 1 (Hertel, 2009)

Einheit	Thema	Inhalte
1	Kommunikation und Gesprächsführung	• 4-Seiten-Modell der Kommunikation • Aktives Zuhören • Paraphrasieren • Beratungsstern • Rahmenmodell zur Strukturierung von Beratungsgesprächen (PELZ-Modell)
2	Systemische Aspekte	• Bedingungsfaktoren von Schulschwierigkeiten • Zusammenarbeit von Elternhaus und Schule • Unterstützungsmöglichkeiten der Eltern • Wiederholung: Aktives Zuhören, Paraphrasieren
3	Selbstreguliertes Lernen	• Modell des selbstregulierten Lernens • Übungen für Eltern und Lehrer • Übungen für Schülerinnen und Schüler
4	Schwierige Gesprächssituationen und Gesprächsnachbereitung	• Umgang mit Kritik von Eltern • Metakommunikation • Blitzvorbereitung auf Beratungsgespräche • Reflexion des eigenen Beraterverhaltens

Das Training ist auf die spezifischen Bedürfnisse der Zielgruppe von (angehenden) Lehrpersonen abgestimmt (allgemein zu Lehrertrainings: siehe Hertel, Pickl & Schmitz, 2008) und enthält Maßnahmen zur Förderung des Transfers von Trainingserfahrungen in den Berufsalltag nach dem VIP-Transfermodell (siehe Pickl, 2004). Nach diesem Modell sind vor der Fortbildung die Wahl des Trainingszeitpunktes, das Treffen von Zielvereinbarungen und eine Klärung der Teilnehmererwartungen zentral. Während des Trainings kann der Transfer durch den Einsatz aktivierender Lehrformen (z. B. Demonstrationen, Fallstudien, Arbeitsgruppen; siehe u. a. Landmann & Schmitz, 2007; Silberman, 1998) sowie durch Strategieeinübung in alltagsnahen Situationen, die Vermittlung von Selbstregulationsstrategien und die Antizipation von Transferproblemen gefördert werden. Nach dem Training können Follow-up-Trainings, Memos in den Teilnehmerunterlagen, Unterstützungsgruppen, Planung von Selbstverstärkung und ein transferförderliches Umfeld zur kontinuierlichen Anwendung der Inhalte beitragen. Diese Maßnahmen wurden bei der Konzeption des Trainings beobachtet.

Erste Trainingseinheit

In der ersten Einheit werden nach einem gegenseitigen Kennenlernen die Wünsche und Erwartungen der Teilnehmerinnen und Teilnehmer erfragt. Anschließend wird das Vorwissen zum Thema Beratung erfasst, indem folgende Leitfragen gestellt werden:

- Welche Aspekte sind für eine gute Beratung wichtig?
- Wann ist eine Beratung gut?
- Welche Schwierigkeiten gibt es in Beratungsgesprächen?

Zusätzlich werden die persönlichen Stärken in Beratungssituationen und die Bereiche, in denen die Teilnehmerinnen und Teilnehmer sich durch das Training verbessern wollen, in einer Reflexionsübung festgehalten. Die Instruktion zu dieser Reflexionsübung ist im folgenden Kasten dargestellt.

Reflexion über eigene Stärken und Verbesserungsmöglichkeiten in Beratungssituationen

Liebe Teilnehmerinnen und Teilnehmer,
bitte denken Sie in den nächsten 10 Minuten darüber nach, welches Ziel Sie sich für diese Fortbildung setzen möchten. Machen Sie sich dabei zuerst Gedanken darüber, was Sie bereits gut können und welches Beraterverhalten Sie noch verbessern möchten. Leiten Sie daraus Ihre Ziele für die Fortbildung ab. Tragen Sie ihre Antworten dabei in die untenstehenden Kästchen ein. Bitte nennen Sie pro Frage jeweils 2–3 Verhaltensweisen bzw. Ziele.

- Das kann ich zum jetzigen Zeitpunkt schon gut (bitte 2–3 Verhaltensweisen nennen):

  ____

- Dieses Beraterverhalten möchte ich verbessern (bitte 2–3 Verhaltensweisen nennen):

  ____

Nach der Reflexion über die eigenen Stärken und Verbesserungsmöglichkeiten in Beratungssitationen werden die Grundlagen der Beratungsarbeit und die zentralen Aspekte des Beraterverhaltens vorgestellt, wobei fünf Aspekte besonders hervorgehoben werden:

- Empathie,
- Kontextberücksichtigung,
- Eigenverantwortung,
- Ressourcenorientierung und
- Lösungsfokussierung.

Diese fünf Aspekte wurden bereits in Kapitel 4.5 ausführlich beschrieben.

Mit dem PELZ-Modell nach Sickinger (2006, siehe Kapitel 8.1) wird den Teilnehmerinnen und Teilnehmern ein praxisorientiertes Konzept zur Strukturierung von Beratungsgesprächen vorgestellt und nahegelegt. Um den Transfer dieser Inhalte in die Beratungsarbeit der Teilnehmer zu erhöhen, werden hier Beispielfragen für die einzelnen Abschnitte des Beratungsgesprächs mit ausgegeben.

Die Grundlagen der Kommunikationstheorie werden anhand eines einfachen Sender-Empfänger-Modells eingeführt und dann um das Vier-Seiten-Modell der Kommunikation nach Schulz von Thun erweitert. Dabei werden die vier Seiten (Sachebene, Beziehungsebene, Selbstoffenbarung, Appell) sowohl aus der Sender- als auch aus der Empfängerperspektive dargestellt (siehe Kapitel 4.6). Bereits an dieser Stelle werden Ursachen von Schwierigkeiten in der Kommunikation und von Missverständnissen beschrieben. Das Aktive Zuhören, das Paraphrasieren und die Metakommunikation werden als Gesprächsführungsstrategien zur Vorbeugung bzw. Auflösung von Konflikten und Missverständnissen vorgestellt und geübt (siehe Kapitel 8.2 und Kapitel 8.3).

Zweite Trainingseinheit

In der zweiten Trainingseinheit werden die Ursachen von Lernschwierigkeiten intensiv besprochen. Dabei wird sowohl auf das systemische Zusammenwirken von Schule, Familie und Freundeskreis als auch auf Lerntheorien eingegangen. Schule, Familie und Freundeskreis werden dabei einerseits als mögliche Problem- und Ursachenbereiche besprochen, andererseits werden sie auch als zentrale Bereiche bei der Suche nach Lösungsressourcen diskutiert (siehe Kapitel 2.2). Als theoretischer Rahmen wird hier die ökologische Systemtheorie nach Bronfenbrenner (Bronfenbrenner & Morris, 1998) eingeführt. Nach diesem Modell setzt sich die Lebensumwelt des Schülers aus unterschiedlichen Bereichen zusammen, wobei der Schüler selbst, seine Eltern, sein Freundeskreis (Peers) und die Schule zentral sind (siehe Kapitel 2.2). In einer Gruppenarbeit werden diese Lebensbereiche dann von den (angehenden) Lehrpersonen weiter bearbeitet, wobei Problemursachen und Lösungsressourcen zusammengetragen werden. Die Ergebnisse werden auf Plakaten festgehalten und dann im Teilnehmerkreis vorgestellt und diskutiert.

In dem zweiten Rollenspiel werden diese Aspekte aufgegriffen, sodass die Teilnehmer die neuen Inhalte und Gesprächsstrategien in die Beratungssituation einbringen können. Die Anleitung zum Rollenspiel zeigt der folgende Kasten zunächst aus der Lehrerperspektive und dann aus der Elternperspektive.

Rollenspiel: Elternberatung

Informationen für die Rolle der Lehrperson
Sie sind Klassenlehrer/in einer fünften Klasse und unterrichten die Fächer Mathematik und Erdkunde. Der 10-jährige Peter ist ein ruhiger, eher unauffälliger Schüler. Ihrer Einschätzung nach hat er wenig Kontakt zu seinen Mitschülern und in der Klasse noch keine Freundschaften geschlossen. Peters schulische Leistungen bewegen sich eher im befriedigenden Bereich. Sie haben Peters Eltern zu einem Gespräch eingeladen, da Peter seine Hausauf-

gaben fast nie vollständig erledigt. Wenn sich dieses Verhalten weiter fortsetztdann ist absehbar, dass er auch seine befriedigenden bis ausreichenden Zensuren nicht wird halten können. Sie möchten die Ursachen für die stets unvollständigen Hausaufgaben in Erfahrung bringen. Zum Gespräch kann nur Peters Mutter erscheinen, da sein Vater keinen Urlaub nehmen konnte. Beim ersten Elternabend in diesem Schuljahr waren beide Elternteile anwesend. Sie wirkten damals eher ruhig und stellten keine Fragen.

Peter findet die Hausaufgaben sehr schwer. Sein Freund muss nie so schwierige Aufgaben lösen. Es macht Peter traurig, dass er mit seinen Aufgaben alleine dasteht. Seine Oma oder sein Bruder, denkt er, können ihm ja sowieso nicht helfen. Aber er meint, dass er vielleicht einfach mit seinem Freund auf die Realschule gehen kann, wenn seine Leistungen nicht so gut sind.

Sie möchten Peters Eltern über den Stand der Dinge informieren und sie motivieren, ihren Sohn bei den Hausaufgaben zu unterstützen. Außerdem interessiert Sie die Einschätzung der Eltern bezüglich Peters Lernverhalten und seines sozialen Umfeldes. Sie haben das Gefühl, dass er sich bislang noch nicht in die Klasse integrieren konnte und möchten gerne wissen, ob er außerhalb der Schule Kontakte zu Gleichaltrigen hat.

Informationen für die Rolle des Elternteils
Ihr Sohn Peter besucht die fünfte Klasse eines Gymnasiums. Seine Leistungen sind im Großen und Ganzen befriedigend. Sie machen sich keine Sorgen um die schulischen Leistungen Ihres Sohnes, da er sich ja erst einmal an die neue Schule und die neue Klasse gewöhnen muss. Peter ist eher ruhig und schüchtern, aber für sein Alter schon ziemlich verlässlich. Darüber sind Sie sehr froh, denn Ihre Frau/Ihr Mann und auch Sie selbst sind ganztags berufstätig. Zum Mittagessen geht Peter zu seiner Oma, die Hausaufgaben erledigt er selbständig. Sie sind sehr stolz, dass Peter den Sprung auf das Gymnasium geschafft hat, haben ihn aber diesbezüglich nie unter Druck gesetzt. Zu seinen sehr guten Leistungen in der Grundschule mussten Sie nur wenig beitragen.

Peter hat einen älteren Bruder, der die neunte Klasse einer Realschule besucht. Auch Peters bester Freund aus der Grundschule besucht diese Realschule, worüber Peter manchmal seine Enttäuschung äußert. Sie denken, dass es ihm ziemlich schwer fällt, in der Schule von seinem Freund getrennt zu sein. Aber die beiden treffen sich fast jeden Nachmittag.

Peter findet die Hausaufgaben sehr schwer. Sein Freund muss nie so schwierige Aufgaben lösen. Es macht Peter traurig, dass er mit seinen Aufgaben alleine dasteht. Seine Oma oder sein Bruder, denkt er, können ihm ja sowieso nicht helfen. Aber er meint, dass er vielleicht einfach mit seinem Freund auf die Realschule gehen kann, wenn seine Leistungen nicht so gut sind.

Sie sind ein wenig überrascht über die Einladung von Peters Klassenlehrerin, da Sie selbst bislang nichts von schulischen Problemen wussten. Gleichzeitig halten Sie es aber für sehr sinnvoll, Peters Klassenlehrerin in einem persönlichen Gespräch kennenzulernen.

Einführung in die Theorie zum selbstregulierten Lernen
Im theoretischen Teil der zweiten Trainingseinheit wird ein Modell des selbstregulierten Lernens vorgestellt, das die Grundlage für die Lernberatung bildet. Das Modell orientiert sich an der Konzeption des selbstregulierten Lernens von Schmitz und Wiese (2006). Nach diesem Modell kann das Lernen in drei Phasen unterteilt werden (siehe Kapitel 3.1). Zur Vereinfachung werden hier nur die zentralen Aspekte jeder Lernphase vorgestellt und im Berg des Lernens veranschaulicht (vgl. **Abb. 7.2**).

Abb. 7.2: Berg des Lernens (Hertel, 2009, S. 97)

In einer Gruppenarbeit wird das Modell weiter bearbeitet, um diese Inhalte zu vertiefen. Dabei erhält ein Teil der (angehenden) Lehrpersonen die Anweisung, Lernprobleme von Schülerinnen und Schülern in den drei Lernphasen zu sammeln und auf Kärtchen festzuhalten. Die anderen Teilnehmer erhalten die Instruktion, Schwierigkeiten der Eltern bei der Unterstützung ihres Kindes beim Lernen in den einzelnen Lernphasen aufzuschreiben. Somit wird eine Sensibilisierung für die Probleme der Schülerinnen und Schüler sowie der Eltern erreicht. Die Ergebnisse der Gruppenarbeit werden dann im Teilnehmerkreis gesammelt und sind der Ausgangspunkt für die inhaltliche Arbeit in der dritten Trainingseinheit.

Gesprächsübung Aktives Zuhören und Paraphrasieren
In einer kurzen Gesprächsübung werden die Gesprächstechniken Aktives Zuhören und Paraphrasieren noch einmal geübt.

Dritte Trainingseinheit

In der dritten Trainingseinheit wird das Thema *Lernen lernen* intensiv bearbeitet und vertieft. Dabei wird auf den Berg des Lernens (vgl. **Abb. 7.2**) zurückgegriffen. Die Lernprobleme der Schüler sowie die Probleme der Eltern bei der Unterstützung des Kindes werden thematisiert und es werden Lern- und Unterstützungsstrategien vorgestellt.

Übungen und Strategien zur Förderung des selbstregulierten Lernens
Die Lern- und Unterstützungsstrategien sind mögliche Lösungen für die im Berg-des-Lernens-Modell gesammelten Probleme. Sie leiten sich alle aus dem Modell des selbstregulierten Lernens ab und ihre Wirksamkeit wurde im Rahmen von Studien mit Schülern, Eltern und Lehrpersonen überprüft (z. B. Bruder, 2006; Gürtler, 2003; Hertel, 2007; Otto, 2008; Perels, Schmitz & Bruder, 2003). Die Strategien werden zunächst vorgestellt und im Teilnehmerkreis diskutiert. Anschließend erhält jede Teilnehmerin und jeder Teilnehmer seinen persönlichen „Lernen-lernen-Leitfaden", in dem alle Strategien noch einmal strukturiert gesammelt sind.

Leitfaden „Lernen lernen"
Der Lernen-lernen-Leitfaden beginnt mit einer kurzen Zusammenfassung der Inhalte zum selbstregulierten Lernen. Wie auch im Training wird hier das Modell des selbstregulierten Lernens nach Schmitz und Wiese (2006) als Grundlage herangezogen. Der zweite Abschnitt enthält kurze Screeningbögen für jede Phase des Lernprozesses (Vor dem Lernen, Während des Lernens, Nach dem Lernen), die die zentralen Handlungsbereiche abdecken (siehe **Abb. 7.3**). So können die zentralen Lernprobleme in der Beratungssituation eingegrenzt werden. Um das weitere Vorgehen in der Beratung zu unterstützen, folgen auf die Screeningfragen Verweise auf Kapitel im Lernen-lernen-Leitfaden, die weitere Informationen und Übungen enthalten. Jeder Teilnehmer erhält seinen persönlichen Lernen-lernen-Leitfaden. Im Anschluss werden dann in Kleingruppen die vorgeschlagenen Übungen angesehen und diskutiert.

Abschließend wird in Kleingruppen ein Beratungsgespräch simuliert. Das Rollenspiel gibt den (angehenden) Lehrpersonen die Möglichkeit, den Lernen-lernen-Leitfaden direkt in einem Beratungsgespräch anzuwenden. Somit können sie erste Erfahrungen mit dem Leitfaden sammeln, Anwendungsmöglichkeiten kennenlernen und überlegen, in welchen realen Beratungssituationen sie den Lernen-lernen-Leitfaden einsetzen möchten.

Vierte Trainingseinheit

In der vierten Trainingseinheit werden die bisher vermittelten Inhalte noch einmal wiederholt und dann um Handlungsstrategien für schwierige Gesprächssituationen erweitert. Dabei werden bisher bekannte Inhalte und bereits eingeübte Strategien noch einmal vor einem anderen Hintergrund betrachtet. Zusätzlich werden die Nachbereitung von Beratungsgesprächen und die Begleitung bei der Umsetzung der besprochenen Strategien bzw. Maßnahmen thematisiert.

Screeningbogen: Während des Lernens			
Problem	**Frage**	**Antwort**	**Übung**
Während des Lernens			
Innere Ablenker	Fällt es ihrem Kind leicht, beim Lernen mit den Gedanken dabeizubleiben?	ja □ nein □	W1.1
	Kann sich ihr Kind beim Lernen gut konzentrieren?	ja □ nein □	W1.2
Äußere Ablenker	Schaltet ihr Kind beim Erledigen der Hausaufgaben sein Handy ab?	ja □ nein □	W2.1
	Sorgt Ihr Kind dafür, dass es beim Lernen nicht gestört werden kann?	ja □ nein □	W2.2
Lernstrategien	Erstellt sich Ihr Kind beim Lernen von schwierigen Aufgaben ein Lernplakat?	ja □ nein □	W3.1
	Lernt Ihr Kind nur kleine Mengen Vokabeln auf einmal?	ja □ nein □	W3.2
Dranbleiben	Fällt es Ihrem Kind leicht, nach einer Pause wieder anzufangen?	ja □ nein □	W4.1
	Kann Ihr Kind den Willen aufbringen, bis zum Ende der Hausaufgaben durchzuhalten?	ja □ nein □	W4.2

Abb. 7.3: Ausschnitt aus dem Lernen-lernen-Leitfaden

Der inhaltliche Einstieg in den Bereich der schwierigen Gesprächssituationen erfolgt wieder über eine Reflexionsübung. Die Teilnehmer werden gebeten, darüber nachzudenken, was schlimmstenfalls in einem Beratungsgespräch geschehen könnte und welche Handlungsmöglichkeiten sich dann für sie ergäben. Ein Beispiel für eine solche Reflexionsübung wird im folgenden Kasten gegeben.

Reflexion über schwierige Gesprächssituationen

Ob eine Gesprächssituation als schwierig empfunden wird, hängt von verschiedenen Faktoren ab, insbesondere von der Beurteilung und Bewertung der Situation durch die betroffene Person. Es ist sehr wichtig, sich über das persönliche Empfinden solcher Situationen bewusst zu sein.

In dieser Übung werden Sie anhand von Leitfragen angeleitet, über Ihr eigenes Erleben von schwierigen Gesprächssituationen zu reflektieren. Bitte beantworten Sie die Leitfragen stichwortartig!

- Gibt es typische schwierige Gesprächssituationen, mit denen Sie immer wieder zu tun haben?
- Was erleben Sie in diesen Situationen als besonders verunsichernd und schwierig?

- Wie gehen Sie mit diesen schwierigen Situationen um? Weichen Sie aus? Sind Sie hilflos und nervös oder eher aktiv, offen und kooperativ?
- Was gibt Ihnen in diesen Situationen Sicherheit und macht Sie zuversichtlich? Was erleben Sie als positiv?
- Was möchten Sie gerne an Ihrem Verhalten in schwierigen Gesprächssituationen ändern?

Anschließend werden in einem kurzen Vortrag Strategien und Handlungsmöglichkeiten für schwierige Gesprächssituationen vorgestellt. Dabei wird darauf geachtet, dass bereits bekannte und eingeübte Strategien noch einmal aufgeführt werden. Zusätzlich wird noch einmal kurz auf das Vier-Seiten-Modell der Kommunikation nach Schulz von Thun eingegangen (siehe Kapitel 4.6). Das Modell war bereits in der ersten Einheit vorgestellt worden.

Um die Praxisrelevanz zu unterstreichen, wird an dieser Stelle die Sammlung der Probleme in Beratungsgesprächen aus der ersten Trainingseinheit noch einmal aufgehängt, die (angehenden) Lehrpersonen können nun beurteilen, welche dieser Probleme noch bestehen bzw. für welche Probleme sie nun Handlungsstrategien kennengelernt haben.

Der inhaltliche Teil der Fortbildung schließt mit dem Thema *Nachbereitung von Beratungsgesprächen*. In einem kurzen Input werden wichtige Aspekte der Gesprächsnachbereitung und der Begleitung von Schülern und Eltern bei der Umsetzung der besprochenen Strategien und Maßnahmen vorgestellt. Neben dem Vereinbaren eines Folgetermins, der Dokumentation des Gesprächsverlaufs und dem Festhalten der Gesprächsergebnisse wird auch die Reflexion des Beraterverhaltens thematisiert. Das wiederholte Nachdenken über das eigene Verhalten in der Beratungssituation ist ein erster Schritt dahingehend, das eigene Beraterverhalten kontinuierlich zu verbessern.

Wie in den drei Einheiten zuvor wird auch in der letzten Trainingseinheit eine Beratungssituation simuliert, allerdings wird in diesem Fall eine schwierige Gesprächssituation vorgegeben. Die Personen in der Elternrolle werden hier gezielt darauf hingewiesen, im Gesprächsverlauf immer wieder kritische Kommentare einzubringen und der Person in der Beraterrolle die Gesprächsführung zu erschweren.

Die Fortbildung endet mit einem Blitzlicht, in dem alle Beteiligten eine persönliche Einschätzung zu der Veranstaltung vornehmen.

7.1.2 Erkenntnisse aus der wissenschaftlichen Evaluation des Trainings

Das beschriebene Trainingskonzept wurde in Gruppen von Lehrpersonen sowie mit Studierenden in Lehramtsstudiengängen durchgeführt. Dabei wurden jeweils Informationen gesammelt, die Rückschlüsse auf die Wirksamkeit des Trainings zulassen. Die Teilnehmerinnen und Teilnehmer wurden z. B. gebeten, Einschätzungen zum Training zu geben und ihr eigenes Beraterverhalten zu beurteilen. Zusätzlich wurden durch schriftlich zu bearbeitende Fallbeispiele und Beobachtungen in Rollenspielen Informationen gesammelt.

Einschätzungen der Teilnehmerinnen und Teilnehmer

Das Training wurde insgesamt positiv aufgenommen und in Konzeption und Umsetzung als gut bewertet. Besonders hilfreich und wichtig empfanden die Teilnehmer den Lernen-lernen-Leitfaden und die Rollenspiele. Eine zusätzliche, angeleitete Selbstreflexion und eine schriftliche Rückmeldung über die Kompetenzentwicklung wurden im Vergleich als weniger bedeutsam eingeschätzt.

Über den Zeitraum des Trainings nahmen die Teilnehmer statistisch signifikante Zuwächse in der allgemeinen Beratungskompetenz, der Vorbereitung von Beratungsgesprächen, dem konkreten Verhalten in Gesprächssituationen, der Nachbereitung von Beratungsgesprächen und dem Verhalten in schwierigen Gesprächssituationen wahr. **Abbildung 7.4** zeigt den Zuwachs an Beratungskompetenz durch die Teilnahme an dem Training.

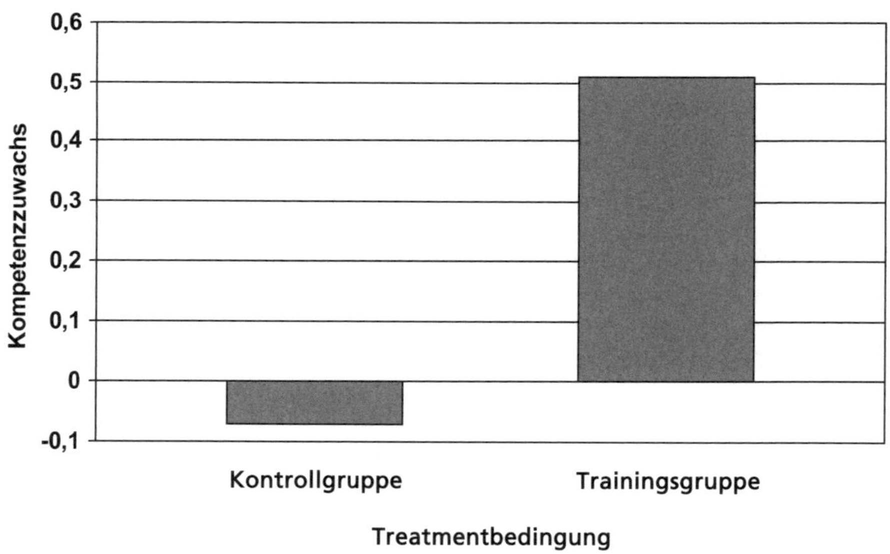

Abb. 7.4: Kompetenzzuwachs durch die Teilnahme an dem Training

Aus **Abbildung 7.4** ist ersichtlich, dass für die Teilnehmer an dem Training (Trainingsgruppe) von Prä- zu Posttest ein Ansteigen an Beratungskompetenz beobachtet werden konnte. Für Personen in der Kontrollgruppe, die nicht an dem Training teilgenommen haben, bleibt der Wert der Beratungskompetenz weitgehend stabil. Dies kann als Hinweis auf die Effektivität des Trainingskonzepts gewertet werden.

Welche Teilnehmer profitieren von dem Training am stärksten?

Im Rahmen der Auswertungen wurde auch untersucht, welche Teilnehmer von dem Training am stärksten profitieren. Solche Erkenntnisse sind wichtig, um das Training weiterzuentwickeln und auf die Bedürfnisse der Teilnehmer gezielt auszurichten.

Es wurde geprüft, ob die Effektivität des Trainings von Alter, Geschlecht, Berufserfahrung, Unterrichtsfach, Motivation und Vorwissen der (angehenden) Lehrpersonen beeinflusst wird. Insgesamt zeigte sich, dass die Effektivität des Trainings kaum von diesen Aspekten beeinflusst wird; es wurden nur wenige statistisch signifikante Effekte gefunden. Dies spricht für eine ausgewogene Konzeption des Trainings, welches bei (angehenden) Lehrpersonen unterschiedlichen Alters und Geschlechts sowie mit unterschiedlicher Berufserfahrung und verschiedenen Unterrichtsfächern gleichermaßen wirksam ist. Starke Effekte zeigten sich allerdings hinsichtlich des Vorwissens der Teilnehmer. Für Personen, die vor dem Training geringe Werte in der Beratungskompetenz aufwiesen, konnte in allen Kompetenzbereichen ein größerer Zuwachs an Beratungskompetenz beobachtet werden. Das Training ist demnach besonders effektiv für Personen, die über eine geringe Beratungskompetenz verfügen. Dieser Befund war sicherlich zu erwarten und unterstreicht die Ausrichtung des Trainings als Grundkurs für Lehrpersonen ohne besondere Vorkenntnisse im Bereich der Beratung und Gesprächsführung.

Die Auswertungen der Angaben von den Studierenden ergab eine wichtige zusätzliche Erkenntnis: Studierende profitieren nicht in allen Kompetenzbereichen von dem Training. Ein statistisch signifikanter Zuwachs von Kompetenzen durch das Training konnte bei den Studierenden nur im Kompetenzbereich *Personale Ressourcen* gefunden werden. Dies deutet darauf hin, dass sich die Beratungskompetenz in der Berufslaufbahn von Lehrpersonen entwickelt und die Maßnahmen zur Förderung der Beratungskompetenz auf unterschiedliche Phasen der Berufslaufbahn zugeschnitten sein sollten.

7.2 Entwicklung der Beratungskompetenz in der Berufslaufbahn von Lehrpersonen

Wichtig im Hinblick auf eine möglichst frühzeitige Förderung von Beratungskompetenz sind vor allem zwei Fragen:

- In welchen Bereichen der Beratung können bereits im Rahmen des Lehramtsstudiums Kompetenzen erworben werden?
- Wie entwickelt sich Beratungskompetenz von Lehrpersonen im Laufe ihres Berufslebens?

Bislang liegen nur wenige wissenschaftliche Erkenntnisse vor, die diese Fragen beantworten. Im Rahmen von Interventionsstudien zeigte sich, dass angehende Lehrpersonen in der ersten Ausbildungsphase (Universitätsstudium) von einer Teilnahme an einem Beratungskompetenztraining profitieren. In der Studie von Hertel (2009) zeigten sich bei Lehramtsstudierenden in Vergleich zu einer Kontrollgruppe statistisch signifikante Zuwächse in dem Bereich der personalen Ressourcen und des beratungsbezogenen Wissens. Die Studierenden selbst nahmen einen statistisch signifikanten Zuwachs an allgemeiner Beratungskompetenz sowie an Kompetenz bei der Vorbereitung von Beratungsgesprächen wahr und auch im Gesprächsverhalten (Gesprächsführungsstrategien) sowie im Verhalten in schwierigen Gesprächssituationen bemerkten sie eine Steigerung ihrer Kompetenz. Im Vergleich zur Kontrollgruppe zeigte sich zudem ein Zuwachs an Selbstwirksamkeit und Selbstsicherheit in Bezug auf Elterngespräche. In den Studien zeigte sich außerdem, dass es den Lehramtsstudierenden nicht leicht fiel, sich in die Rollenspielsituationen einzufinden. Lehrpersonen mit Berufserfahrung hingegen profitierten in allen fünf unterschiedenen Kompetenzbereichen (siehe Kapitel 5.3) sowie im Bereich des beratungsbezogenen Wissens von der Teilnahme an dem Beratungskompetenztraining.

Diese Ergebnisse geben erste Hinweise darauf, welche Aspekte von Beratungskompetenz bereits im Lehramtsstudium vermittelt werden können. Erfolg versprechend scheinen dabei insbesondere die Vermittlung von beratungsbezogenem Wissen sowie das Einüben von Techniken der Gesprächsführung zu sein. Stark handlungsbezogene Inhalte, wie z. B. Kompetenzen im Bereich von sozialer Kooperationskompetenz oder Prozesskompetenz können im Rahmen des Lehramtsstudiums vermutlich noch nicht aufgenommen werden – vielleicht ist aber auch eine andere Konzeption der Fortbildung erforderlich.

Die Befunde zum Erwerb von Beratungskompetenz im Rahmen des Lehramtsstudiums lassen sich vor dem Hintergrund des Modells zur Entwicklung von Kompetenzen in der Lehrerlaufbahn (Burden, 1990) sowie der Überlegungen zur Entwicklung von Beratungskompetenz (Strasser & Gruber, 2003) einordnen. Beide Konzepte unterstreichen, dass reflektierte Erfahrungen in Handlungskontexten ein wichtiger Bestandteil der Entwicklung von Kompetenzen sind. Es kann vermutet werden, dass eben dieser Unterschied an reflektierter Erfahrung ausschlaggebend für die Unterschiede in der Trainingswirksamkeit von Lehrpersonen im Beruf gegenüber Lehramtsstudierenden ist. Lehrpersonen, die bereits über Berufserfahrung verfügen, können die Inhalte des Trainings in ihre Erfahrungen einordnen und Bezüge zu ihrem Berufsalltag herstellen. Lehramtsstudierende verfügen noch nicht über diese Erfahrung. Zwar haben sie bereits Beratungserfahrung aus ihrem persönlichen Umfeld, aber einen Bezug zum Schulalltag und zu Erfahrungen mit Elterngesprächen können sie nur sehr selten herstellen.

Weitere Forschung ist notwendig, um abgesicherte Befunde über die Entwicklung von Beratungskompetenz in der Berufslaufbahn von Lehrpersonen zu gewinnen. Entsprechende Erkenntnisse sind ein wichtiger Anhaltspunkt bei der Weiterentwicklung von Aus- und Weiterbildungskonzepten.

7.3 Zusammenfassung

In der Aus- und Weiterbildung von Lehrpersonen sind Inhalte zur Schüler- und Elternberatung bisher nur in geringem Umfang enthalten. Im Rahmen ihrer Ausbildung werden Lehrpersonen demnach kaum auf die Beratungssituationen, die sie im Schulalltag erwarten, vorbereitet. Nach dem Berufseinstieg entwickelt sich Beratungskompetenz nicht von allein – Befragungen von Lehrern zeigen, dass sich sowohl Berufseinsteiger als auch berufserfahrene Lehrer für Beratungsgespräche nicht ausreichend qualifiziert fühlen. Eine Ausnahme sind hier Lehrpersonen, die eine Beratungslehrerausbildung absolviert haben.

Es wird vermutet, dass diese Defizite in der Lehrerausbildung auch einen Teil dazu beitragen, dass Lehrpersonen manchmal sehr zurückhaltend in dem Angebot von Beratungsgesprächen sind. Die Qualität der Aus- und Weiterbildung im Bereich der Beratung kann vor diesem Hintergrund als wichtige Voraussetzung für eine aktive Zusammenarbeit von Lehrpersonen und Eltern gesehen werden.

Positiv ist, dass in den letzten Jahren die Zahl der Aus- und Fortbildungsangebote im Bereich der Elternarbeit und der Schüler- und Elternberatung gestiegen ist. Allerdings ist noch wenig darüber bekannt, in welchen Bereichen der Beratung bereits Lehramtstudierende Kompetenzen erwerben können und durch welche Elemente der Kompetenzzuwachs unterstützt werden kann.

Im Rahmen des Kapitels wurde ein Beratungskompetenz-Training vorgestellt, das trotz seiner kurzen Interventionsdauer positive Effekte auf Seiten der teilnehmenden Lehrer und Lehramtstudierenden gezeigt hat. Dabei stellte sich heraus, dass Lehrpersonen in großem Umfang von dem Training profitieren, während sich die positiven Befunde für die Lehramtstudierenden auf die Bereiche *Personale Ressourcen* und Beratungswissen beschränken. Diese Ergebnisse geben erste Hinweise darauf, welche Aspekte von Beratungskompetenz bereits im Lehramtstudium vermittelt werden können. Erfolg versprechend scheinen dabei insbesondere die Vermittlung von beratungsbezogenem Wissen sowie das Einüben von Techniken der Gesprächsführung zu sein. Stark handlungsbezogene Inhalte, wie z. B. Kompetenzen im Bereich von sozialer Kooperationskompetenz oder Prozesskompetenz, können im Rahmen des Lehramtstudiums vermutlich noch nicht aufgenommen werden – vielleicht ist aber auch eine andere Konzeption der Fortbildung erforderlich, um den Erwerb dieser Kompetenzen zu unterstützen.

Ein Ansatzpunkt, um die differenzielle Wirksamkeit des Trainings bei Lehrern und Lehramtstudierenden zu erklären, ist, diese auf die Unterschiede in der reflektierten Erfahrung zurückzuführen. Lehrpersonen verfügen bereits über Berufserfahrung und können die Inhalte des Trainings einordnen und Bezüge zu ihrem Berufsalltag herstellen. Lehramtstudierende verfügen noch nicht über diese Erfahrung. Zwar haben sie bereits Beratungserfahrung in ihrem persönlichen Umfeld – aber einen Bezug zum Schulalltag und zu Erfahrungen mit Elterngesprächen können sie nur sehr selten herstellen. Hier zeigt sich der Bedarf an weiterer Forschung dazu, wie sich die Beratungskompetenz von Lehrpersonen über die Berufslaufbahn hinweg entwickelt.

8 Ausgewählte Techniken der Gesprächsführung

In diesem Kapitel werden wichtige Hinweise zur Gesprächsführung kurz aufgegriffen und vorgestellt. Dabei wird mit dem PELZ-Modell zunächst eine Möglichkeit zur Strukturierung von Beratungsgesprächen dargestellt, die sich in der Praxis bewährt hat. Anschließend werden grundlegende Techniken der Gesprächsführung und Fragetechniken vorgestellt, die helfen können, ein Gespräch zu strukturieren und erfolgreich zu beraten.

8.1 Strukturierung von Beratungsgesprächen nach dem PELZ-Modell

Das PELZ-Modell zur Strukturierung von Beratungsgesprächen wurde von Sickinger (2006) vorgestellt und als eine Herangehensweise zur Strukturierung von Konfliktgesprächen mit Eltern in der Frühförderung eingeführt. Es eignet sich aber auch zur Strukturierung „gewöhnlicher", nicht konfliktbehafteter Beratungsgespräche. Hinter dem Akronym verstecken sich die einzelnen Schritte, die in einem Beratungsgespräch aufeinander folgen und somit die Struktur des Beratungsgespräches ausmachen.

P steht dabei für *Problemwahrnehmung und Problemdefinition*. Denn zu Beginn des Beratungsgespräches ist es zentral, die Ausgangslage zu klären und zu besprechen, wie der Ratsuchende und der Berater das Problem wahrnehmen bzw. beschreiben. Ziel dieses ersten Schrittes ist es, eine angenehme Gesprächsatmosphäre herzustellen und eine Problemdefinition zu erarbeiten, die von dem Ratsuchenden und dem Berater gleichermaßen geteilt wird.

P – Problemwahrnehmung und Problemdefinition

- Wer hat den Anstoß gegeben, zur Beratung zu kommen?
- Was meinen die Einzelnen, warum sie eingeladen wurden?
- Sind alle Anwesenden damit einverstanden, hier zu sein?
- Was hat evtl. jemand dazu bewogen, nicht anwesend zu sein?
- Worin besteht für den Einzelnen das Problem?
- Wann trat das Problem zum ersten Mal auf?

- In welchem Zusammenhang tritt es auf?
- Was verhindert das Auftreten?
- Wen belastet es am meisten?
  (Sickinger, 2006)

Im nächsten Schritt (*E*) sollen dann *Erklärungsmodelle* für das Problem entwickelt werden. Hierbei schildern sowohl die Ratsuchenden als auch der Berater Vermutungen darüber, wie es entstanden ist und wodurch es aufrechterhalten wird.

E – Erklärungsmodelle

- Wie erklären sich die Einzelnen das Problem?
- Was vermuten die Familienmitglieder über Erklärungsideen der zurzeit nicht anwesenden Mitglieder?
- Falls die Erklärungen unterschiedlich sind, wie erklären sie sich das?
- Gibt es möglicherweise noch Erklärungen, die bisher nicht genannt wurden?
  (Sickinger, 2006)

Aus den Erklärungsmodellen werden dann *Lösungsversuche* (*L*) abgeleitet, die unternommen werden sollen, um das Problem auszuräumen. Dabei werden auch bisherige Lösungsansätze angesprochen, die nicht erfolgreich waren. So kann aus den Schwierigkeiten bei der bisherigen Problemlösung gelernt und die neu erarbeiteten Strategien können entsprechend geprüft werden.

L – Lösungsversuche

- Gab es früher schon einmal ähnliche Schwierigkeiten? Wie wurde damit umgegangen? Wie wurden diese gelöst?
- Was haben die Einzelnen getan, um das Problem zu lösen? Auf welche Weise?
- Was tun die Einzelnen, wenn das Problem auftritt? Mit welchem Ergebnis?
- Welche Lösungsversuche waren besonders hilfreich, welche eher nicht?
- Welche Ideen gibt es, die bisher noch nicht versucht wurden? Welche Ergebnisse sind hier zu erwarten?
- Gab es schon einmal eine Situation, die schlimmer war als die momentane? Ist diese damalige Situation auf heute übertragbar?
- Gibt es Unterstützung von außerhalb?
  (Sickinger, 2006)

Nachdem dieser Schritt erfolgt ist, sollten im Folgendem *Ziele* (*Z*) festgelegt werden. Dabei sind zunächst konkrete Ziele und Teilziele zu benennen. Zusätzlich ist zu überlegen, woran die Beteiligten erkennen können, dass diese erreicht wurden.

Z – Ziele

- Welches Ziel haben die Einzelnen?
- Wie genau wird das aussehen?
- Woran werden die Einzelnen merken, dass das Ziel erreicht ist?
- Was werden sie dann Anderes tun als heute?
- Wenn unser Gespräch erfolgreich wäre, wie sähe ihre Situation dann am Ende der Beratung aus?
  (Sickinger, 2006)

Diese Vorgehensweise zur Strukturierung von Beratungsgesprächen hat sich in der Beratungspraxis bewährt und kann der beratenden Lehrperson helfen, Gespräche erfolgreich zu gestalten. Die Leitfragen können dabei unterstützen, das Vorgehen im Gespräch umzusetzen.

8.2 Aktives Zuhören und Paraphrasieren: grundlegende Gesprächstechniken

In diesem Abschnitt werden zwei grundlegende Gesprächstechniken beschrieben: *Aktives Zuhören* und *Paraphrasieren*. Diese beiden Techniken zählen zu den Grundfähigkeiten erfolgreicher Beraterinnen und Berater und sind auch für die Beratung im Schulalltag sehr hilfreich. Beide Techniken verfolgen das Ziel, dem Gesprächspartner zu vermitteln, dass das Gespräch aufmerksam verfolgt wird, dass seine Perspektive wahrgenommen und dass ihm Wertschätzung entgegengebracht wird.

8.2.1 Aktives Zuhören

Ein sehr wichtiges Gestaltungsmittel für Gesprächssituationen ist das Zuhören selbst. Durch aufmerksames Zuhören wird dem Gesprächspartner Wertschätzung signalisiert; es erleichtert die zielgerichtete Argumentation und auch die Perspektivenübernahme. Mit dieser Gesprächstechnik kann zudem die Klärung von Gefühlen unterstützt werden. Die Selbstoffenbarungsseite und die Beziehungsseite der Kommunikation sind hier von besonderer Bedeutung (siehe Kapitel 4.6). Aktives Zuhören schafft ein Klima der Vertrautheit und Verbundenheit; es kann ein Schlüssel zum Gesprächspartner sein.

Aktives Zuhören bezeichnet das Einfühlen in den Gesprächspartner, das mit einer verbalen Äußerung der wahrgenommenen Gefühle einhergeht. Die emotionale Situation des Gesprächspartners wird beachtet und verbal widergespiegelt. Ihm wird vermittelt, dass die Gefühle, die in seiner Äußerung mitschwingen, erfasst werden. Es wird nicht nur darauf geachtet, was der Andere sagt, sondern auch, wie er es sagt und wie er wirkt.

Beim Aktiven Zuhören liegt die Konzentration darauf, wie der Gesprächspartner klingt und wirkt. Der Zuhörer/Berater fragt sich im Stillen:

- Was empfindet mein Gesprächspartner?
- Was ist ihm an dem, was er gerade äußert, so wichtig?
- Was beschäftigt ihn daran so sehr?
- Welches Interesse hat er daran?
- Was will er damit verfolgen?
- Wie ist ihm zumute?

Der Zuhörer denkt und fühlt sich in sein Gegenüber ein und wendet sich ihm uneingeschränkt zu. Durch Aktives Zuhören kann beim Gesprächspartner ein Perspektivenwechsel erreicht werden. Es ist jedoch keine Technik zur gezielten Beeinflussung oder Manipulation des Gesprächspartners. Es ist gänzlich auf den Ratsuchenden ausgerichtet. Die Ziele, Wünsche und Meinungen des Zuhörers bzw. Beraters bleiben im Hintergrund.

Typische Satzanfänge, die Aktives Zuhören ausdrücken

- „Sie befürchten jetzt, dass ..."
- „Sie sind misstrauisch, ob ..."
- „Sie ärgern sich über ..."
- „Sie sind noch nicht sicher, wieweit ..."
- „Sie sind erschrocken über ..."
- „Sie sind schockiert, weil ..."
- „Sie sind über ... entsetzt."
- „Dich nervt es, wenn ..."
- „Du bist noch unentschieden, ob du ..."
- „Du bist unzufrieden, weil ..."

Durch diese Satzanfänge wird dem Gesprächspartner vermittelt, dass der Zuhörer sich ganz und gar auf ihn einzustellen versucht. Viele Menschen erleben es als eine ungewohnte Wohltat, wenn sie wahrnehmen, dass ihnen ernsthaft und geduldig zugehört wird und sind dann auch bereit, sich zu öffnen und ihren Standpunkt noch einmal zu überdenken.

8.2.2 Paraphrasieren

Das Paraphrasieren ist eine wirksame Gesprächstechnik, die auch in Beratungsgesprächen eingesetzt werden kann. Das Paraphrasieren hilft, Missverständnisse zu vermeiden.

Paraphrasieren leitet sich von dem griechischen Worten *para = dazu, neben* und *fraseïn = reden, sagen* ab. Als *Paraphrase* wird in der Kommunikationsforschung die sachliche Wiederholung einer empfangenen Botschaft mit den eigenen Worten verstanden.

Die Paraphrase filtert die emotionalen Anteile der Nachricht heraus und reduziert die Aussage auf den sachlichen Teil der Botschaft (siehe Kapitel 4.6). Durch das Wiederholen der Informationen mit eigenen Worten können Missverständnisse vermieden werden. Im Gegensatz zur etwas direktiven Reflexion bzw. Interpretation wird die Aussage möglichst nicht verfälscht. Gegenüber der weniger direktiven Form des Aktiven Zuhörens wird die Aussage allerdings auch nicht auf eine emotionale Botschaft verkürzt.

Sehr effektiv kann das Paraphrasieren in emotionalen Gesprächssituationen genutzt werden, um die Situation zu klären und dem Gesprächspartner zu helfen, sich zu beruhigen. Diese Technik fördert eine angenehme Gesprächsatmosphäre und unterstützt das Verständnis; der Gesprächspartner fühlt sich ernst genommen und verstanden.

Die Gesprächstechnik des Paraphrasierens geht auf die Rhetorikausbildung im antiken Griechenland zurück. Sie war eine der ersten Grundfähigkeiten, die es an der Hochschule der Sprache zu erlernen galt. Im streng geregelten Disput war es den Studenten bei Strafe verboten, auf ein Argument, eine Hypothese oder eine Prämisse (mit oder ohne Konklusion) zu antworten, ohne vorher den fremden Standpunkt dem Sinn und der Intention nach mit eigenen Worten sachlich richtig wiedergegeben zu haben. Die Redefigur, die dies leistet, heißt Paraphrase.

Das Paraphrasieren kann das Gespräch auf unterschiedliche Weise positiv beeinflussen: Es vermittelt dem Gesprächspartner das Gefühl, verstanden zu werden, und trägt somit zu einem Aufbau von Vertrauen bei. Der Gesprächsverlauf wird entschleunigt und der Angesprochene gewinnt Zeit, um noch einmal seine Argumente zu überdenken. Zusätzlich wird das Gespräch strukturiert, und Missverständnisse können direkt angesprochen oder sogar verhindert werden.

Allerdings ist es nicht immer leicht, rationale und emotionale Anteile einer wahrgenommenen Botschaft zu trennen. Besonders schwierig wird dies, wenn Gesprächspartner sich von den Worten des anderen persönlich betroffen fühlen. Die vermeintlich angreifende Botschaft weckt Emotionen im Berater, die das rationale, aber freundliche Paraphrasieren erschweren. Auch wenn der Berater emotional ergriffen ist, etwa weil er sich sehr gut in die Situation des Ratsuchenden hineinversetzen kann und nicht die notwendige Distanz wahrt, wird das Paraphrasieren erschwert.

Einstiegsformulierungen, die das Paraphrasieren unterstützen

- „Mit anderen Worten ..."
- „Wenn ich Sie richtig verstehe, geht es Ihnen um ..."
- „Ihnen ist wichtig, dass ..."
- „Sie legen Wert auf ..."
- „Für Sie kommt es sehr darauf an, dass Sie ..."
- „Ich habe jetzt verstanden, dass Sie ..."
- „Wenn ich das richtig erfasse, dann geht es Ihnen um ..."
- „Verstehe ich richtig, dass ..."
- „Du meinst, wenn ..."
- „Was du sagst, fasse ich so auf ..."
- „Dir liegt am Herzen, dass ..."

Wichtig ist allerdings zu bedenken, dass emotionale Anteile von Nachrichten häufig auch wichtige Informationen transportieren. Daher sollten diese nicht grundsätzlich aus dem Kommunikationsgeschehen ausgeschlossen werden. Oft lassen sich gefühlsmäßige und tatsächliche Bedingungen nicht völlig voneinander trennen. Hier hilft eine Klärung der Gefühle, indem diese explizit zum Thema gemacht werden. An dieser Stelle kann das Aktive Zuhören (siehe oben) hilfreich sein.

8.3 Ausgewählte Interventions- und Fragetechniken

Im Folgenden werden ausgewählte Mini-Max-Interventionen (nach Prior, 2004) und Fragetechniken (nach Hennig & Ehinger, 2003) vorgestellt, die sich für Beratungsgespräche mit Eltern und Schülern besonders eignen. Welche Interventionen und Fragetechniken in der Gesprächssituation angemessen und hilfreich sind, liegt im Ermessen der beratenden Lehrperson.

Nicht „ob", sondern „wie, was, welche" – denn meistens geht es besser ohne „ob"!

Das Wort „ob" ist meistens dann sinnvoll, wenn es um klare Entscheidungen geht. „Ja" oder „Nein" sind die Antworten, die auf eine „ob" Frage folgen werden. In Beratungen geht es aber häufig eher darum, den Eltern bzw. den Schülern dabei zu helfen, Entscheidungen zu finden und sie bei der Suche nach Lösungen in bestimmten Richtungen zu unterstützen. Dieser Prozess kann durch das „Ob" sehr erschwert werden. In der Beratung ist es von Interesse zu erfahren, welche Gedanken sich die Person gemacht hat, was sie bei sich beobachten konnte, wie sie sich eine Verbesserung der Situation vorstellen kann, welche Möglichkeiten sie sieht.

Diese Informationen erhalten wir jedoch nicht, wenn wir „Ob"-Formulierungen wählen. Es folgen einige Beispiele für „Ob"-Formulierungen und Vorschläge für alternative Formulierungen, die das Gespräch öffnen und fördern.

„Ob"-Formulierungen
- „Mich würde interessieren, ob Sie sich schon Gedanken darüber gemacht haben, was Sie bei diesem Gespräch erreichen möchten."
- „Ich wüsste gerne, ob Sie schon Ideen für weitere Schritte haben."

Alternative Formulierungen
- „Mich würde interessieren, welche Gedanken Sie sich schon darüber gemacht haben, was Sie bei diesem Gespräch erreichen möchten."
- „Ich wüsste gerne, welche Ideen Sie schon für weitere Schritte haben."

„Sondern?"

Häufig wissen die Eltern bzw. die Schüler sehr genau, was sie *nicht* wollen. Aber zu sagen, was und wohin sie wollen, fällt den meisten Menschen sehr viel schwerer. Dabei können wir nur Ziele, die uns bekannt sind, auch verfolgen und erreichen. Die Lehrperson kann es den Eltern und dem Schüler nicht abnehmen, persönliche Ziele zu formulieren – allerdings kann sie die Ratsuchenden dabei unterstützen. Das Wort „sondern" kann hier eine große Hilfe sein. Durch eine „Sondern"-Formulierung kann das Gespräch geöffnet und von der Problembeschreibung zur Lösungsfindung gelenkt werden. „Sie wollen also nicht mehr ..., sondern ...?" Die Lehrperson lässt den Satz offen, schaut das Elternteil und den Schüler freundlich fragend an, das Gespräch wird geöffnet.

„Sondern"-Formulierungen können auch eingesetzt werden, um positive Ausnahmen von einer schlechten Gewohnheit bzw. unerwünschten Verhaltensweisen zu beschreiben.

„Sondern"-Formulierungen zur Lösungsfindung

Mutter: „Ich möchte nicht mehr so hilflos sein, wenn mein Kind beim Lernen Schwierigkeiten hat."

Lehrerin: „Sie wollen also nicht mehr hilflos neben ihrem Kind sitzen, wenn es lernt. Sondern was wollen Sie stattdessen?"

„Sondern"-Formulierungen für die Beschreibung von Ausnahmen

Schülerin: „Heute habe ich im Unterricht gar nicht so viel aus dem Fenster gesehen ..."

Lehrer: „Sondern was hast du gemacht?"

Schülerin: „Heute habe ich mich bei meinen Hausaufgaben gar nicht so viel ablenken lassen."

Lehrer: „Sondern was hast du gemacht?"

„Immer" stimmt in Verbindung mit einem Symptom nie

Das Wort „immer" macht ein Problem schlimmer, als es wirklich ist. Denn ein Problem, das in der Vergangenheit „immer" da war, wird auch in der Zukunft „immer" auftreten. So gibt es auch keine Möglichkeit, eine Lösung zu finden. Genau das ist aber das Ziel einer Beratung: gemeinsam eine Lösung zu erarbeiten. Um das Problem auf seine tatsächliche Größe zu reduzieren, können einige Formulierungen helfen: Die Beraterin kann explizit nachfragen, in welchen Situationen das Problem auftritt („Wann?") und in welchen Situationen es nicht auftritt („Wann nicht?"). Dies verdeutlicht, dass ein Problem eben nicht immer, sondern nur in bestimmten Situationen auftritt. Hierdurch wird die objektive Dauer, für die das Problem besteht, durch Fragen eingegrenzt. Zusätzlich kann der Bezug auf die Vergangenheit verdeutlicht werden, um den Handlungsspielraum für die Zukunft zu öffnen. Durch solche Formulierungen erscheint dem Ratsuchenden das Problem „kleiner" und er kann Hoffnung schöpfen, dass das Problem gelöst werden kann.

„*Wann* konnten Sie Ihrem Kind helfen, *wann nicht*?"
„*In der Vergangenheit* konntest du dich *oft* nicht konzentrieren."

Mutter: „Stefan lernt nie für Klassenarbeiten!"
Lehrerin: „Stefan hat in der Vergangenheit oft nicht für Klassenarbeiten gelernt. Können Sie mir sagen, wann das vorkam? Was war anders in Situationen, in denen Stefan doch gelernt hat?"

Statt eines ängstlichen „hoffentlich nichts Schlimmes" ein zuversichtliches „hoffentlich Gutes"

Formulierungen der Art „hoffentlich nichts Schlimmes" führen zu einer negativen Haltung. Je mehr der Tonfall und die Körperhaltung diese Befürchtung unterstreichen, desto wahrscheinlicher ist es, dass letztlich ein negatives Ereignis eintritt. Wenn Eltern oder Schüler in der Beratungssituation entsprechende Formulierungen wählen und ihre Befürchtungen äußern, ist es wichtig, sie dazu anzuleiten, positive Haltungen zu entwickeln und Hoffnungen zu äußern. So entstehen „Hoffentlich-Gutes"-Sätze, im Sinne positiver, motivierender Erwartungen. Sie zeigen Zuversicht und das Gefühl, vor einer Herausforderung zu stehen und durch eigenes Handeln die Situation verändern zu können. Hilfreich können hier auch „Sondern"-Formulierungen sein (s. o.).

Beispiel für eine negative Haltung (Befürchtung)
Mutter: „Hoffentlich werden wir das Elterngespräch heute nicht wieder beenden, ohne eine Lösung gefunden zu haben!"

Beispiel für eine positive Haltung (Hoffnung)
Lehrerin: „Hoffentlich kann ich in dem Gespräch heute gemeinsam mit den Eltern eine Lösung erarbeiten!"

„noch nicht"

In Beratungsgesprächen geht es häufig um Ziele, Probleme, Schwächen, etc. Mithilfe der Wörter „noch" und „nicht" kann die Aufmerksamkeit weg von den Mängeln und Problemen hin zu Ressourcen, Möglichkeiten, Chancen und Lösungen gelenkt werden. Gerade, wenn die Eltern bzw. die Schülerin mit einem „immer" auftretenden Problem zur Beratung kommen, kann eine „Noch-nicht"-Perspektive sehr hilfreich sein, um die Grenzen des Problems neu abzustecken.

Beispiele für die Anwendung von „Noch-nicht"-Formulierungen

- „Ziele sind *noch nicht* erreichte Ziele."
- „Probleme sind *noch nicht* gefundene Lösungen."
- „Blockaden sind *noch nicht* überwunden, *noch nicht* gefundene Wege oder Strategien."
- „Symptome und Beschwerden haben sich *noch nicht* verändert."

(Prior, 2004, S. 46)

Beispiele für „Noch-nicht"-Formulierungen

- „Sie können ihr Kind *noch nicht* ohne Streit bei den Hausaufgaben unterstützen."
- „Du kannst bei Klassenarbeiten *noch nicht* ohne Angst anfangen zu rechnen."

Konstruktive W-Fragen: „Was, welche, wie, wann, wer, woran, wodurch" – aber nicht „warum"

Das gemeinsame Suchen nach Lösungen lässt sich am einfachsten durch Fragen fördern. Durch konstruktive W-Fragen werden Eltern und Schüler sehr nachhaltig in zielführende Suchprozesse einbezogen. Wenn in der Beratung gemeinsam in einer bestimmten Richtung nach einer Lösung gesucht wird, dann ist es hilfreich, konstruktive W-Fragen zu stellen. Durch diese Fragen verdeutlicht die Beraterin, dass ein großes Interesse besteht und ihr das Erfragte wichtig ist. Die Frage nach dem „Warum" ist hierbei ausgeschlossen, da die Suchrichtung eine andere ist. Mit dem „Warum" fragen wir nach Gründen und Ursachen des Problems, während wir mit den anderen W-Fragen zukunftsorientiert nach einer Lösung fragen.

Beispiele für konstruktive W-Fragen

- „Was wollen Sie mit diesem Gespräch erreichen?"
- „Wie haben Sie sich gefühlt, als das Problem einmal nicht da war?"
- „Was war da anders?"
- „Welche Fähigkeiten haben Sie, die Ihnen in dieser schwierigen Situation helfen können?"
- „Woran merken Sie, dass es besser geworden ist?"
- „Wer könnte Ihnen dabei behilflich sein?"

„Angenommen, Sie würden …"

Eine weitere Möglichkeit, das Gespräch und die Aufmerksamkeit der Eltern und/oder der Schülerin in eine konstruktive Richtung zu lenken, besteht darin, Fragen nach wünschenswerten Alternativen zu stellen. Auf diese Weise können Eltern und Schüler verschiedene Lösungsmöglichkeiten gedanklich durchspielen. So kann das Gefühl, die Situation durch eigenes Handeln verändern zu können, gesteigert werden. Zusätzlich wirkt die Vorstellung eines positiven Ergebnisses motivierend und kann in kritischen Situationen (Rückfall in alte Verhaltensmuster) immer wieder in Erinnerung gerufen werden.

Beispiele für „Angenommen, Sie würden …"-Formulierungen
- „Angenommen, Sie würden von nun an mit Ihrem Sohn gemeinsam für die Arbeiten lernen, würde sich die Situation dann verbessern oder würden Sie doch lieber einen Nachhilfelehrer suchen, der diese Aufgabe übernimmt?"
- „Angenommen, Du würdest von heute an in eine Nachhilfegruppe gehen, würdest Du dann mit dem Lernstoff mitkommen oder würdest Du doch lieber regelmäßig zu Hause deine Hausaufgaben machen?"

Die VW-Regel

In dieser Regel steht *V* für Vorwürfe und *W* für Wünsche. Die VW-Regel besagt, dass Vorwürfe in Wünsche umformuliert werden sollten. Vorwürfe beziehen sich auf die Vergangenheit, Wünsche hingegen auf die Zukunft. Wird ein Vorwurf formuliert, so reagiert der Angesprochene meist mit Gegenvorwürfen oder gerät zumindest in eine Verteidigungshaltung. Werden jedoch Wünsche formuliert, so gibt man dem Gegenüber klar zu verstehen, was eigentlich von ihm erwartet wird, ohne ihn in eine Verteidigungsposition zu drängen. Beratungsgespräche nehmen oft einen sehr positiven Verlauf, wenn Wünsche für die (nahe) Zukunft formuliert werden. Vorwürfe hingegen führen oft zu einem ungünstigen Gesprächsverlauf, manchmal sogar zu einem Abbruch des Gesprächs.

Beispiele für das Formulieren von Wünschen
- „Ich wünsche mir, dass wir in diesen Punkten gut zusammenarbeiten."
- „Ich wünsche mir, dass Sie Ihr Kind bei den Hausaufgaben so unterstützen, wie wir es heute besprochen haben."
- „Ich wünsche mir, dass Sie dies mit Ihrem Kind besprechen, so wie wir es heute getan haben."

Fragen nach Beschreibungen von Veränderungen (vor der Sitzung)

Wichtig ist, Veränderungen von Verhaltensweisen – auch wenn sie scheinbar unbedeutend sind – festzuhalten und zu verdeutlichen. So erkennt der Gesprächspartner, dass es einen Fortschritt gegeben hat. Das wirkt motivierend und unterstützt die Bemühungen, weiter an der Problemlösung zu arbeiten. Zudem kann der Berater auf diese Weise verdeutlichen, dass eine aktive Beteiligung des Ratsuchenden an der Problemlösung wichtig ist. Diese Fragen eignen sich besonders gut, um an das vorangegangene Gespräch anzuknüpfen.

Beispiele für das Fragen nach Veränderungen

- „Was hat sich verändert, seit wir den heutigen Termin vereinbart haben?"
- „Was haben Sie dafür getan, dass diese Veränderung eingetreten ist?"
- „Was haben Sie inzwischen zu Hause besprochen?"

Fragen nach der Strategie, wie die Betroffenen „ins Problem rutschen"

Bei der Suche nach Lösungen für ein Problem ist es auch wichtig zu betrachten, wie es entstanden ist bzw. wie es dazu kommt, dass es auftritt. Um dies herauszufinden, kann nach dem „Weg zum Problem" gefragt werden. Die Beraterin zielt mit entsprechenden Fragen darauf ab, zu erfahren, welche Schritte zum Auftreten des Problems führen. Diese Art der Fragestellung impliziert, dass es eine bestimmte Strategie gibt, um dieses herbeizuführen. D. h. es muss etwas getan werden, damit das Problem auftritt – es kommt nicht von alleine! Die Ratsuchenden sind vielmehr aktiv auf dem Weg dorthin beteiligt. Wenn der Weg zum Problem gelernt werden kann, kann er auch wieder verlernt werden. Jeder einzelne der Schritte, die den Ratsuchenden in dieses manövrieren, kann unterbrochen und umgekehrt werden. Diese Art zu fragen erzeugt Verwirrung und Humor, die beide einen günstigen Ausgangspunkt für Verhaltensänderungen darstellen.

Beispiele für Fragen danach, was zu dem Problem führt

- „Was könnten Sie tun, damit Sie noch mehr Streit miteinander bekommen?"
- „Was müssten Sie denken, damit Sie noch weniger Geduld mit Ihrer Tochter haben?"
- „Seien Sie mein Berater und bringen Sie mir bei, wie ich es machen könnte, dass ich genauso unsicher werde. Was müsste ich denken?"
- „Schildern Sie mir den genauen Ablauf. Was tun Sie? Was denken Sie?"
- „Was denkst du, wenn du beim Lernen sitzt und dich nicht konzentrieren kannst?"

Um dem Gesprächspartner den Einstig zu erleichtern, kann es hilfreich sein, Alternativen anzubieten. Eine Möglichkeit dazu sind „Nicht-Formulierungen", die im nächsten Abschnitt beschrieben werden.

„Sie machen x. Sie machen nicht y oder z?"

Diese Fragetechnik ist hilfreich, um die Verhaltensweisen, Strategien und Einstellungen der Eltern und Schüler wirklich zu verstehen und ihnen diese auch noch einmal zu verdeutlichen. Das Verhalten wird beschrieben, zusammengefasst und alternativen Verhaltensweisen gegenübergestellt. So kann das tatsächlich gezeigte Verhalten bzw. die tatsächliche Überzeugung eingegrenzt und eine wichtige Grundlage für die Lösungsfindung gelegt werden.

Lehrerin: „Sie denken also, dass Ihr Sohn Ihre Hilfe bei den Hausaufgaben aus Trotz nicht in Anspruch nehmen möchte. Sie denken nicht, dass es ihm unangenehm ist, dass er sie nicht eigenständig lösen kann und sich deshalb zurückzieht?"

Lehrerin: „Du denkst also, dass deine Eltern dir bei den Hausaufgaben helfen wollen, weil sie meinen, dass du es allein nicht schaffst. Du denkst nicht, dass sie dich lieb haben und dir helfen wollen, damit es dir leichter fällt und du mit der Schule nicht so viel Arbeit hast?"

Fragen nach Ressourcen und Bewältigungsstrategien von Schwierigkeiten

Fragen nach Ressourcen und Bewältigungsstrategien richten sich darauf, Fähigkeiten und Stärken sowie Strategien bei der Bewältigung früherer Krisen zu erfragen. Dabei können Problemsituationen aus einem Bereich geschildert werden, von dem zu vermuten ist, dass die Schülerin bzw. die Familie sie aufgrund ihrer Stärken meistern kann oder schon einmal gemeistert hat. Diese Bereiche dürfen auch außerhalb der Schule liegen, z. B. können Situationen aus dem Alltag, beim Sport oder bei ehrenamtlichen Aktivitäten ausgewählt werden. Manchmal ist es sogar besonders wichtig, den Fokus für die Suche nach Ressourcen und Stärken gezielt außerhalb des schulischen Umfelds anzulegen (siehe Kapitel 2.2).

Beispiele für Fragen nach Ressourcen

- „Was schätzen Sie besonders an Ihrem Sohn?"
- „Wo liegen Ihrer Meinung nach die Stärken Ihrer Tochter? Was kann sie besonders gut?"
- „In welchen Bereichen zeigt sie schon die Selbständigkeit, die ihr beim Lernen noch fehlt?"
- „Wie machst du das beim Fußballtraining? Wie bringst du dich dazu, das anstrengende Training durchzuhalten?"
- „Wie hast du das damals gepackt, als du ...?"
- „Ich habe gehört, du bist so mutig und springst im Freibad vom 5-Meter-Brett. Wie überwindest du dabei deine Angst?"

Skalierungsfragen

Skalierungsfragen eignen sich dazu, Problembereiche, Ausnahmen und Zielbestimmungen zu präzisieren. Die Schüler oder Eltern schätzen z. B. das Ausmaß des Problems, die Wichtigkeit des Ziels, ihre Motivation, dieses zu erreichen, ihre Bereitschaft, sich dafür anzustrengen oder ihre Zuversicht, das Ziel erreichen zu können auf einer Skala von 0 bis 10 ein. Durch diese Einschätzung werden ein Schwarz-Weiß-Denken und eine Alles-oder-Nichts-Einstellung aufgebrochen. Stattdessen werden kleine Schritte festgelegt, die leichter und realistischer zu erreichen sind. Auch kleine Veränderungen im Problemverhalten sind so schon als Erfolge „messbar" und erfahrbar – ein Fortschritt ist auch dann schon zu erkennen, wenn das Problem seltener auftritt, nicht erst, wenn es vollständig verschwunden ist.

Beispiele für Skalierungsfragen

- „Du möchtest also im Unterricht mehr mitmachen. Stelle Dir mal eine Skala von null bis zehn vor. Null bedeutet gar keine Mitarbeit und zehn volle Mitarbeit, also dass Du die ganze Zeit aktiv dabei bist. Wie würdest Du Dich momentan einschätzen?" (evtl. nach Fächern differenzieren)
- „Wenn du dich jetzt bei einer Zwei einschätzt, welche Zahl möchtest du dann erreichen?"
- „Wann soll dieses Ziel erreicht sein?"
- „Denkst Du, dass es realistisch ist, dass Du es bis Ende des Schuljahres geschafft hast, auf einen Wert von Acht zu kommen?"
- „Wie würde die Situation denn konkret aussehen? Wie oft würdest Du Dich in der Unterrichtsstunde melden, wenn Du die Situation bei einem Wert von Acht erreicht hast?"
- „Und wie würde sich das dann anfühlen, wenn Du einen Wert von Acht erreicht hast?"

Vereinbarungen und Aufgaben

Es kann Erfolg versprechend sein, im Elterngespräch konkrete Aufgaben zu vereinbaren, die Eltern und ihre Kinder zu Hause ausprobieren können. So ist es möglich, konkrete Empfehlungen mitzugeben, Ressourcen zu nutzen, die Eigenverantwortung zu unterstreichen und den Blick weg vom Problem auf die Lösung zu lenken und erste Erfolge zu erzielen.

Es gibt verschiedene Möglichkeiten, die Wahrscheinlichkeit zu erhöhen, dass die vereinbarten Aufgaben auch durchgeführt werden. Dazu gehört, den Ehrgeiz herauszufordern („Das ist eine schwierige Aufgabe, aber ich denke, dass du das kannst."), Wetten abzuschließen, Entscheidungen zu fördern sowie die Eltern bzw. ihre Kinder an der Entwicklung der Aufgaben zu beteiligen.

Die Aufgaben sollten klar, präzise und positiv formuliert sein. Sie sollten klare Zeit- und Ortsvorgaben beinhalten, die Neugier wecken, innerhalb des Wertesystems der Familie akzeptabel sein und eine durchführbare Anforderung, aber keine Überforderung darstellen. Um sicherzustellen, dass die Aufgaben verstanden wurden, sollte die Aufgabenstellung wiederholt und möglicherweise sogar schriftlich festgehalten werden. Wichtig ist, dass die Ergebnisse der Aufgabe überprüft werden können und dass keine Diskussionen über den Sinn oder den Unsinn der Aufgabe entstehen.

Besonders gut eignen sich hierfür Beobachtungsaufgaben. Eltern können z. B. das Verhalten ihres Kindes beim Hausaufgabenmachen einfach nur beobachten, ohne einzugreifen. Schüler können nach dem Unterricht aufschreiben, wie oft sie sich in der Stunde gemeldet haben.

Beispiele für Aufgaben im Beratungsverlauf

- „Beobachten Sie bis zum nächsten Mal, wann und in welchen Situationen Ihr Sohn dieses Verhalten zeigt."
- „Notiere zweimal pro Woche in deinem Tagebuch auf mindestens einer Seite, was Du an Dir toll gefunden hast."
- „Notieren Sie jeden Tag die Situation, in der Ihre Tochter dem Ziel am nächsten war."
- „Nimm Dir diese Skala und schätze Dich jeden Abend selbst ein, wie gut es Dir gelungen ist, Dich tagsüber an die vereinbarten Regeln zu halten."

Werden die Aufgaben nicht wie vereinbart durchgeführt, sollte die Lehrperson nicht enttäuscht oder vorwurfsvoll reagieren. Wichtiger für den weiteren Beratungsprozess ist es, nach der Bedeutung des „Nicht-Machens" zu fragen („Was bedeutet das für Sie, dass es nicht geklappt hat?") oder den Umfang der Aufgabenstellung in Frage zu stellen („Da haben wir uns wohl zu viel vorgenommen. Das Ganze war zu umfangreich."). Dadurch bleibt die Motivation eher erhalten und man bekommt konkrete Hinweise, wie die Aufgabe modifiziert werden kann.

8.4 Zusammenfassung

Der Verlauf von Beratungsgesprächen wird maßgeblich von der Strukturierung des Gesprächs durch den beratenden Lehrer geprägt. Damit eng verbunden ist die Anwendung von Gesprächsführungstechniken, die dem strukturierten Ablauf und dem Beziehungsaufbau dienen sowie Interventions- und Fragetechniken, die zur Lösungsfindung beitragen. In diesem Kapitel wurden ausgewählte Gesprächsführungsstrategien und -techniken vorgestellt, die sich in der Schulpraxis bewährt haben.

Als Leitfaden für die Strukturierung von Beratungsgesprächen wurde das PELZ-Modell vorgestellt. PELZ steht für Problemwahrnehmung und Problemdefinition, Erklärungsmodelle, Lösungsversuche und Ziele. Für jeden dieser

vier Gesprächsphasen wurden Leitfragen vorgestellt, auf die in konkreten Beratungssituationen zurückgegriffen werden kann.
Mit dem Aktiven Zuhören und dem Paraphrasieren wurden zwei Gesprächsführungstechniken vorgestellt, die dem Beziehungsaufbau und der Vermeidung von Missverständnissen dienen. Beim Aktiven Zuhören fühlt sich der Berater in die Situation seines Gesprächspartners ein und versucht die Gefühle zu spiegeln. Der Schwerpunkt liegt hier auf den emotionalen Aspekten einer Botschaft. Beim Paraphrasieren fasst der Berater von Zeit zu Zeit mit eigenen Worten die sachlichen Informationen aus den Nachrichten seines Gesprächspartners zusammen. Missverständnisse können so schnell aufgedeckt und aufgeklärt werden. Der Schwerpunkt liegt hier auf den sachlichen Anteilen der Botschaft.

Ergänzend wurden in diesem Kapitel ausgewählte Interventions- und Fragetechniken beschrieben, die das Aufspüren von Ressourcen und das Finden von Lösungen unterstützen.

9 Schwierige Gesprächssituationen

In diesem Kapitel werden ausgewählte Beratungssituationen behandelt, die Lehrpersonen vor besondere Herausforderungen stellen. Ob eine Gesprächssituation als schwierig empfunden wird, hängt von verschiedenen Faktoren ab, insbesondere von der Beurteilung der Situation durch die betroffene Person (Berater, Eltern, Schüler). Es ist sehr wichtig, sich mit dem persönlichen Empfinden in solchen Situationen auseinanderzusetzen. Hier kann eine Reflexionsübung (siehe Kapitel 7.1) helfen, solche schwierigen Situationen zu ermitteln und sich des eigenen Verhaltens und Erlebens in diesen Situationen bewusst zu werden.

Zunächst werden mögliche Ursachen für das Entstehen einer schwierigen Gesprächssituation aufgeführt. Danach werden das Beraterverhalten in diesen Situationen sowie der Umgang mit Kritik und das Anbringen von Kritik thematisiert. Abschließend werden Gesprächsstrategien für schwierige Gesprächssituationen und Ansatzpunkte für eine Auswahl solcher Situationen vorgestellt.

9.1 Wie kommt es zu schwierigen Gesprächssituationen?

Es gibt Faktoren, die das Auftreten von Schwierigkeiten in Gesprächssituationen begünstigen. Diese Faktoren liegen auf unterschiedlichen Ebenen. Lehrpersonen, Eltern, die Interaktion von Lehrpersonen und Eltern, das Gesprächsthema und die Situation bzw. der Gesprächskontext sind hier zu nennen. Im folgenden Kasten werden für die einzelnen Ebenen mögliche Auslöser von Schwierigkeiten im Beratungsgespräch dargestellt.

Lehrpersonen	Eigene Geschichte und Erfahrungshintergrund, Befindlichkeit, Wahrnehmung und Interpretation, Gefühle
Eltern	Verhalten, Gefühle, Vorwürfe, emotionale Ausbrüche, Bedeutungsgebung, Motivation, Einstellung, Fähigkeiten
Interaktion	Prozessbegleitung, Nähe/Distanz, Antipathien, Beziehung der Gesprächspartner

Thema	Kritikpunkte, Tabus, Krisen, Gefährdung
Situation	Freiwilligkeit des Gesprächs, Gesprächsbereitschaft, räumliche und zeitliche Bedingungen, institutionelle Bedingungen

Wenn Konflikte während eines Gesprächs eskalieren, liegt das oft daran, dass Eltern und Lehrpersonen zunächst einseitige Sichtweisen haben. Die Schuld für die Schwierigkeiten wird häufig beim anderen gesehen. Beide Seiten gehen davon aus, dass es nur eine Ursache für die Problemsituation gibt. Gegenseitige Schuldzuweisungen führen zur weiteren Eskalation und dazu, dass in den Gesprächen keine Ergebnisse erzielt werden. In der folgenden **Tabelle 9.1** werden beispielhaft unterschiedliche Sichtweisen und Erwartungen von Eltern und Lehrpersonen dargestellt.

Tab. 9.1: Beispiele für Sichtweisen und Erwartungen von Eltern und Lehrpersonen

	Sichtweise	**Erwartungen**
Eltern	Die Lehrerin ist schuld. Sie ist zu streng, sie stellt sich nicht auf mein Kind ein. Ich muss meinem Kind beistehen und es beschützen, um ihm zu helfen. Meinem Kind wird schließlich Unrecht getan.	Die Lehrerin soll ihr Verhalten ändern und auf mein Kind zugehen.
Lehrerin	Die Eltern sind schuld. Sie sind zu nachlässig. Ich muss dem Kind Grenzen setzen, um ihm zu helfen.	Die Eltern sollen ihr Verhalten ändern und ihrem Kind Grenzen setzen.

Unbehagen, Misstrauen, Konflikte und Konfrontation treten auf, wenn …

- mehr getan wird, als erwünscht.
  Die Lehrerin mischt sich – nach Meinung der Eltern – in die Erziehung ein (Grenzüberschreitung).
- weniger getan wird als erwünscht.
  Erwartungen der Eltern an die Lehrerin werden nicht erfüllt.
  Erwartungen der Lehrerin an die Eltern werden nicht erfüllt.
- anderes getan wird als erwünscht.
  Pädagogische Auffassungen und Erziehungsstile unterscheiden sich.

Die Lehrperson sollte schwierige Gespräche, wenn möglich, besonders sorgfältig und gewissenhaft vorbereiten. Dabei ist die Beachtung der folgenden Aspekte hilfreich:

Konfliktbeschreibung
- Wie sehen die Konfliktparteien die Situation?
- Welche Sichtweise haben die Eltern, welche habe ich?

Erwartungen beider Parteien
- Welche Erwartungen haben die Eltern an mich?
- Welche Erwartungen habe ich an die Eltern?

Ziele beider Parteien
- Welche Ziele haben die Eltern? Welche Ziele habe ich?

Vorerfahrungen und Erwartungen
- Wie habe ich die Eltern in vorherigen Treffen kennengelernt? Welche Erwartungen an die Situation leite ich daraus ab?

Persönliche Befindlichkeit
- Wie fühle ich mich, wenn ich an das Gespräch denke? Wie denke ich, werde ich mich während des Gesprächs fühlen?

Gesprächsteilnehmer
- Wer wird an dem Gespräch teilnehmen?

Raumbedingungen
- Wo und wann wird das Gespräch stattfinden? Werden wir ungestört sein?

Bei der Vorbereitung kann es auch hilfreich sein, ein schwieriges Gespräch bereits vorher gedanklich durchzugehen und sich mental darauf einzustellen. Um den eigenen Standpunkt zu klären und die Perspektiven der Eltern bzw. der Schülerin zu erfassen, können diese auf einem Blatt notiert und somit sichtbar konkretisiert werden. Dieses Vorgehen unterstützt den Perspektivenwechsel sowie das Verständnis für den Standpunkt des Gesprächspartners. Eine Vorlage für die strukturierte Vorbereitung eines schwierigen Gesprächs unter der Berücksichtigung der Sichtweisen, Erwartungen und Ziele von Eltern und Lehrpersonen ist in **Tabelle 9.2** dargestellt.

Befragungen von Eltern und Lehrpersonen legen nahe, dass es meistens erst dann zu Beratungsgesprächen kommt, wenn es „zu spät" ist. Es liegen also bereits Probleme vor oder es besteht Anlass zur Beschwerde. Manchmal treten Schüler oder Eltern mit entsprechenden Anliegen an die Lehrpersonen heran, manchmal werden Beratungsgespräche von den Lehrpersonen angeregt. Häufig wurden bereits Maßnahmen ergriffen oder Gespräche geführt, die jedoch nicht das gewünschte Ergebnis erzielt haben. Deshalb wird das direkte Gespräch zwischen Eltern und dem Lehrer als „letzte Lösung" angesehen. Es ist naheliegend, dass eine solche Situation nicht gerade günstige Voraussetzungen für ein konstruktives Beratungsgespräch schafft: Wut und Ärger heizen die Stimmung auf, Kritik wird geübt. Die Beteiligten stellen sich die Frage, warum

Tab. 9.2: Strukturierte Vorbereitung von Gesprächen (Hennig & Ehinger, 2003, S. 122)

	Von den Eltern	Von mir (Lehrer)
Sichtweise		
Erwartungen		
Ziele		

es überhaupt soweit kommen musste oder verstehen nicht, warum ein Gespräch überhaupt notwendig ist usw.

Nicht selten beginnen solche Gespräche deshalb aufgeregt und emotionsgeladen. Hier sind die Lehrpersonen in ihrer Beraterrolle insbesondere dahingehend gefragt, Raum für die Emotionen zu geben, aber sich nicht von diesen „anstecken" zu lassen und selbst zu emotional zu reagieren. Sonst kann die Situation eskalieren. Auch ein Abweisen und Verbitten der Emotionen zu Beginn des Gesprächs kann den Gesprächsverlauf negativ beeinflussen. Die Ratsuchenden werden sich dann nicht ernstgenommen fühlen und ihrerseits eine weitere Kooperation im Gespräch verweigern. Gleiches gilt für vorzeitige Relativierungen der Beschwerden. Nicht selten zeigen sich nach dem ersten Schwall von Ärger, Wut und Emotionen Aspekte, die das Problem in einen anderen Kontext stellen und sich in dem Gespräch bearbeiten lassen.

Ein häufiger Fehler in Konfliktsituationen ist es, sich auf Positionen anstatt auf Interessen zu konzentrieren. Deshalb ist es hilfreich, die Ziele und Interessen des Gesprächspartners herauszufinden, denn dadurch lassen sich häufig neue Lösungsalternativen finden, die die Interessen beider Gesprächspartner zufriedenstellen. Ein oft zitiertes Beispiel in diesem Zusammenhang ist der Streit zwischen zwei Schwestern um eine Orange.

Die eine Schwester benötigte die Schale zum Kuchenbacken, die andere wollte das Fruchtfleisch haben, um Orangensaft zu machen. Jede Schwester hielt an ihrer Position fest, dass sie die Orange haben möchte. Letztlich einigten sie sich darauf, die Orange zu teilen. Beide Schwestern hatten jedoch zugrundeliegende Interessen, die besser zufriedengestellt worden wären, wenn die eine die Schale und die andere das Fruchtfleisch bekommen hätte.

Im Gesprächsverlauf kann die beratende Person die Interessen des Gesprächspartners erkunden, indem sie versucht herauszufinden, warum und zu welchem Zweck dieser eine bestimmte Position vertritt. Dabei sollten die Fragen so formuliert werden, dass die Bedürfnisse, Hoffnungen, Ängste oder Wünsche des Gesprächspartners herausgefunden werden:

- „Aus welchen Gründen ist es Ihnen wichtig, dass ...?“
- „Welche Vorteile hätte dieser Lösungsvorschlag?“
- „Was ist Ihnen besonders wichtig bei ...?“

Wichtig ist demnach, in aufgeheizten und emotionalen Gesprächssituationen gelassen zu bleiben, den Emotionen des Gesprächspartners Raum zu geben, die eigenen Emotionen zu kontrollieren, keine voreiligen Entscheidungen zu treffen sowie das Gespräch weiterhin zu lenken.

9.2 Grundhaltung in schwierigen Gesprächssituationen

In schwierigen Gesprächssituationen ist es besonders wichtig, dass der Berater eine ausgeglichene und reflektierte Grundhaltung im Gesprächsverlauf beibehält. Dies kann bereits maßgeblich zu dem erfolgreichen Auflösen einer schwierigen Situation beitragen. Zu der Grundhaltung des Beraters zählen sowohl die Klärung der eigenen Rolle in der Situation (z. B.: Wie stehe ich persönlich zu dem Problem? Wo sehe ich meine Verantwortung für die Lösung?), aber auch die Akzeptanz und Wertschätzung der Perspektive der Eltern bzw. des Schülers (Perspektivenübernahme). Die Klärung der eigenen Rolle ist eine wichtige Voraussetzung für einen erfolgreichen Beratungsprozess und sollte möglichst vor dem Gespräch erfolgen. Auch im Verlauf des Beratungsprozesses kann es von Zeit zu Zeit hilfreich sein, über die eigene Rolle als Berater zu reflektieren.

Folgende Fragen können den Berater dabei unterstützen, seine Rolle zu definieren:
- Wie stehe ich zu dem Problem und zu den Beteiligten?
- Welche Erwartungen stellen die anderen an mich?
- Welche Erwartungen stelle ich selbst an mich?

- Wo sehe ich meine Aufgabe, wo meine Verantwortung?
- Wo sehe ich meine Handlungsmöglichkeiten?
- Wo muss ich meine persönliche Grenze ziehen, damit es mir gut geht?

Dabei ist es von großer Bedeutung, dass der Verantwortungsbereich und der Handlungsspielraum des Beraters abgesteckt werden. Die Lehrperson ist – auch in der Rolle des Beraters – nicht für die Lösung jeglicher Probleme der Eltern und Schüler verantwortlich. Es gibt Grenzen der Zuständigkeit, darüber hinaus sollten andere Beratungsträger, z. B. der Schulpsychologische Dienst, Beratungsstellen, Ärzte und Therapeuten, hinzugezogen werden (siehe Kapitel 3.2)

Während des gesamten Beratungsprozesses sollte sich die beratende Lehrperson wohlfühlen. Es kommt allerdings gerade in schwierigen Gesprächssituationen immer wieder vor, dass die Eltern oder der Schüler der beratenden Lehrperson Vorwürfe machen und in ihr eine Schuldige suchen. Die persönliche Abgrenzung und das Wahren von Distanz werden in solchen Situationen für die beratenden Lehrpersonen leichter, wenn sie zuvor über ihre Rolle reflektiert hat und sich ihres Verantwortungsbereiches bewusst ist. Das gezielte Setzen von Grenzen wird so erleichtert – die Gefahr, emotional in die Problemsituation hineingezogen oder gar in eine defensive Haltung gedrängt zu werden, wird gesenkt.

Zudem ist es wichtig, auch in schwierigen Gesprächssituationen der Perspektive der Eltern bzw. des Schülers Wertschätzung entgegenzubringen und diese zu akzeptieren – auch wenn man selbst anderer Meinung ist. Hier ist es hilfreich, sich in den Gesprächspartner hineinzuversetzen und zu versuchen, die Situation aus seiner Perspektive wahrzunehmen.

Fragen zur Unterstützung des Perspektivenwechsels

- Wie würde ich die Situation sehen, wenn ich an der Stelle der Eltern bzw. der Schülerin wäre?
- Wie würde ich mich fühlen und verhalten, wenn ich in dieser Situation wäre?
- Kenne ich eine Situation, in der ich mich selbst ähnlich gefühlt und verhalten habe?

Fragen wie diese helfen, ein Gespür für die subjektive Wahrnehmung der Situation aus Sicht der ratsuchenden Person zu erlangen. Manchmal kann dies bereits dazu führen, dass die Emotionen und Reaktionen der Gesprächspartner besser verstanden werden. Durch das Einfühlen in die Eltern bzw. den Schüler werden Schuldzuweisungen vermieden und es können Punkte gesucht werden, an denen sich die Perspektiven gleichen bzw. unterscheiden. Diese liefern Hinweise auf unterschiedliche Bewertungen der Situation, aus denen sich dann wiederum Handlungsziele und Lösungen ableiten lassen.

9.3 Umgang mit Kritik von Eltern und Schülern

Wenn Kritik an die beratende Lehrperson herangetragen wird, ist es wichtig, diese möglichst ruhig aufzunehmen und sie konstruktiv zu verarbeiten. Hier kann es hilfreich sein, der kritischen Rückmeldung nicht nur negative Aspekte beizumessen. Aus einer Kritik können sich auch Anregungen ableiten lassen, was verbessert werden könnte, welche Ansatzpunkte es gibt und wie eine gemeinsame Lösung aussehen mag. Nur Konflikte, die angesprochen werden, können auch weiter bearbeitet und letztlich gelöst werden. Sicherlich kann nicht jeder Form der vorgebrachten Kritik eine solche positive Seite abgewonnen werden und auch die Art, in der die Kritik vorgetragen wird, ist dabei von Bedeutung. Wenn sich die beratende Lehrperson persönlich getroffen fühlt oder emotional berührt ist, dann ist es wichtig, nicht direkt zu handeln und zu antworten. Besser ist es, sich etwas Zeit zu nehmen, um eine Antwort zu finden. Die Zeit kann auch genutzt werden, um kurz durchzuatmen oder aufzustehen und einige Schritte im Raum umherzugehen.

Wichtig ist es dabei, nicht zu erwarten, dass man als beratende Lehrperson, sofort und für jede Situation immer die richtige Lösung parat haben muss. Wenn die beratende Lehrperson sich nicht sicher fühlt, kann sie ihre Betroffenheit auch ansprechen (z. B. „Bitte entschuldigen Sie, Ihre Argumente haben mich persönlich betroffen gemacht. Ich würde das Gespräch gerne einige Minuten unterbrechen und darüber nachdenken, was wir gerade besprochen haben").

In sehr verwickelten Situationen ist es manchmal besser, das Gespräch abzubrechen und einen neuen Termin zu vereinbaren. Wichtig ist dabei jedoch, dass nicht das Gefühl entsteht, die Situation sei außer Kontrolle oder es bestünde kein Interesse an einer weiteren Zusammenarbeit. Stattdessen sollte betont werden, dass die Vertagung des Gesprächs insbesondere im Hinblick auf eine Aufrechterhaltung der Zusammenarbeit geschieht.

Auch wenn Kritik an der beratenden Lehrperson geäußert wird, ist es wichtig, dass sie das Gespräch weiter strukturiert. Dabei hilft es, sich in Erinnerung zu rufen, dass man nicht als Person angegriffen wurde, sondern dass ein Teil der eigenen Arbeit von anderen kritisch aufgefasst wird.

Konfliktreiche Gespräche beginnen oft damit, dass Eltern oder Schüler unstrukturiert Kritik äußern. Nicht selten kommt es auch zu emotionalen Reaktionen. Wichtig ist dabei, dass die beratende Lehrperson nicht direkt auf die genannten Kritikpunkte eingeht, aber grundsätzlich Verständnis für den Ratsuchenden zeigt (z. B. „Ich merke, wie verärgert Sie sind"). Ziel sollte es sein, eine ausführliche Problembeschreibung anzuregen („Ich schlage vor, dass Sie mir ausführlich berichten, an welchen Punkten Sie Ihre Kritik festmachen bzw. was Sie im Einzelnen stört"). Dies kann durch die in Kapitel 8.2 beschriebenen Gesprächstechniken Aktives Zuhören und Paraphrasieren unterstützt werden. Bewertungen der Situation und eine persönliche Stellungnahme sollte die beratende Lehrperson in der Anfangsphase des Gesprächs zunächst nicht anbringen.

Werden mehrere Kritikpunkte nacheinander genannt, ist es hilfreich, die Eltern bzw. den Schüler dabei zu unterstützen, diese zu strukturieren und in eine Reihenfolge zu bringen. So wird eine Grundlage dafür geschaffen, die Kritikpunkte dann nach und nach anzusprechen, und die Ratsuchenden haben nicht das Gefühl, dass wichtige Aspekte ihrer Anliegen nicht beachtet werden. Nachdem der Ratsuchende seine Sicht des Problems schildern konnte, verliert die kritische Situation oft an Brisanz und er fühlt sich respektiert und akzeptiert.

Manchmal kann es für den weiteren Beratungsprozess hilfreich sein, sich an dieser Stelle für die Offenheit der Beteiligten zu bedanken. Ob dies angemessen ist, sollte von der beratenden Lehrperson in der konkreten Situation entschieden werden.

Im Anschluss an die Problemschilderung erwarten Eltern und Schüler meistens eine Stellungnahme der Lehrperson. Dies ist sicherlich eine kritische Phase im Beratungsgespräch. Beachtet die beratende Lehrperson jedoch einige Grundsätze, so kann auch diese Phase konstruktiv gestaltet werden.

Nicht rechtfertigen, sondern eigene Fehler zugeben
Wenn die vorgebrachte Kritik angemessen ist, dann sollte man sich nicht lange rechtfertigen, sondern eigene Fehler zugeben.

Keine vorläufigen Lösungen erzwingen, sondern das weitere Vorgehen beschreiben
Oft können die angesprochenen Punkte nicht in einem einzigen Gespräch aus dem Weg geräumt werden. Manchmal ist es sogar notwendig, andere Personen hinzuzuziehen oder weitere Auskünfte einzuholen. Deshalb sollte nicht versucht werden, in einem Gespräch eine vorläufige Lösung zu erzwingen und vorschnell Stellung zu nehmen. Stattdessen sollte beschrieben werden, welches Vorgehen angedacht ist und wie die nächsten Schritte aussehen werden. Das führt zu einer Transparenz des weiteren Vorgehens und schafft Vertrauen.

Eigene Emotionen nicht unterdrücken, sondern aktiv ansprechen
Trotz guter Vorbereitung und professionellen Handelns kann es vorkommen, dass sich die beratende Lehrperson in einer Situation persönlich stark betroffen fühlt. Wichtig ist, dass sie in dieser Situation nicht die Kontrolle verliert und Gegenvorwürfe oder unbedachte Äußerungen formuliert. Stattdessen sollte das Gespräch kurz unterbrochen oder auf einen anderen Termin vertagt werden. Dabei sollte deutlich gemacht werden, dass die beratende Lehrperson dann zu den vorgebrachten Kritikpunkten Stellung nehmen wird. Dem Gesprächspartner sollte vermittelt werden, dass es nicht darumgeht, die schwierige Situation zu vermeiden und sich nicht zu den vorge-

brachten Punkten zu äußern. Hilfreich ist es, dem Gesprächspartner die eigene Situation zu erklären und aufzuzeigen, dass Zeit zum Nachdenken notwendig ist, bevor Stellung genommen werden kann (z. B. „Ich merke, dass ich von der Kritik persönlich getroffen bin. Ich möchte gerne in Ruhe darüber nachdenken, bevor ich mich äußere").

9.4 Anbringen von Kritik in Gesprächen mit Eltern und Schülern

Wenn die beratende Lehrperson selbst in einem Gespräch mit den Eltern bzw. dem Schüler etwas Kritisches ansprechen möchte, können die folgenden Vorgehensweisen dabei helfen, die Situation auf einer sachlichen und konstruktiven Ebene zu halten:

Nicht mit einer Sammlung der kritischen Punkte beginnen, sondern zunächst Positives in Erinnerung rufen

Gespräche mit Eltern und Schülern werden meistens dann geführt, wenn eine kritische Situation vorliegt bzw. etwas vorgefallen ist. Die Aufmerksamkeit ist dann unweigerlich zunächst auf die negativen Aspekte des Lern- und Sozialverhaltens des Schülers bzw. auf problematisches Verhalten der Eltern gerichtet. Positive Aspekte werden hingegen eher ausgeblendet – die Grundhaltung ist nicht ausgewogen. Wenn Eltern bzw. der Schüler gleich zu Beginn eines Gesprächs mit Kritik konfrontiert werden, führt dies oft dazu, dass sie sich zurückziehen, emotional reagieren und für eine weitere Zusammenarbeit nicht offen sind. Wichtig ist es deshalb, sich vor einem Beratungsgespräch auch die positiven Eigenschaften und Verhaltensweisen des Schülers bzw. der Eltern in Erinnerung zu rufen und diese zu Beginn des Gesprächs anzubringen, auch wenn es in der aktuellen Situation eventuell nicht leichtfällt.

Kritik nicht allgemein formulieren, sondern immer auf eine bzw. wenige konkrete Situationen beziehen

Allgemeine Kritik im Sinne einer „Das ist immer so"-Aussage ist meist überzogen und erzeugt bei dem Gesprächspartner berechtigten Widerstand. Er fühlt sich dann als Person angegriffen und wird entsprechend emotional reagieren und seinen Standpunkt besonders nachhaltig vertreten, da es nun um mehr als das Gesprächsthema geht. Dies kann vermieden werden, indem kritische Verhaltensweisen immer in Bezug auf konkrete Situationen beschrieben werden. Allerdings ist dabei auch darauf zu achten, dass Situationen ausgewählt werden, die das Verhalten besonders verdeutlichen. Die Gesprächsstrategie „Immer stimmt in Verbindung mit Symptomen nie" aus dem Kapitel 8.3 kann hierbei helfen. Wichtig ist es auch, die Folgen des gezeigten Verhaltens in der Zusammenarbeit mit dem Schüler zu beschreiben, denn Eltern erleben das Verhalten ihres Kindes oft ähnlich problematisch. So kommt es nicht zur Suche nach einem Schuldigen, sondern es wird deutlich, dass Eltern und Lehrpersonen gleichermaßen und gemeinsam betroffen sind. Dies wirkt sich auf den weiteren Gesprächsverlauf positiv aus und begünstigt eine vertrauensvolle Gesprächsatmosphäre sowie das Finden von Lösungen und die weitere Zusammenarbeit.

Nicht nur Schwierigkeiten und Probleme sehen, sondern Interesse an den beteiligten Personen und einer konstruktiven Lösung kundtun

Wichtig ist es, dass die beratende Lehrperson den Eltern bzw. dem Schüler in dem Gespräch verdeutlicht, dass sie nicht nur das Problem bzw. die Schwierigkeiten sieht. Besser ist es, Interesse für die beteiligten Personen kundzutun, etwa indem Bemühungen der Eltern bzw. des Schülers angesprochen und gelobt sowie Verständnis vermittelt und wertschätzende Formulierungen gewählt werden. Zusätzlich kann nach bisherigen Bemühungen und Versuchen, mit dem Problem umzugehen, gefragt werden. So kann die beratende Lehrperson unterstreichen, dass sie die Personen annimmt, wie sie sind, und an einer konstruktiven Lösung arbeiten möchte.

Nicht in der Kritikphase verharren, sondern das Gespräch öffnen, indem die Zukunft ins Zentrum gestellt wird

In der Kritikphase eines Gesprächs werden Verhaltensweisen aufgezählt und Situationen beschrieben, die in der Vergangenheit negativ aufgefallen sind. Allerdings sind diese, da sie in der Vergangenheit liegen, nicht mehr veränderbar. Verharrt man in Gesprächen in der Kritikphase, wird viel Zeit darauf verwendet, Vergangenes, nicht mehr Veränderbares zu besprechen. Effizienter ist es, nach einer kurzen Kritikphase, in der eine gemeinsame Problemdefinition erarbeitet wurde, das Gespräch in Richtung des Zukünftigen zu öffnen. Hier stehen dann Fragen der folgenden Art im Vordergrund: „Was kann getan werden, um solche Verhaltensweisen zu reduzieren?“ oder „Was kann dazu führen, dass eine solche Situation nicht mehr entsteht?“. Den Eltern und dem Schüler wird so verdeutlicht, dass sie die Situation selbst mit gestalten können und dass die beratende Lehrperson ihnen eine entsprechende Verhaltensänderung durchaus zutraut. Die Eigenverantwortung der Eltern und Schüler wird somit gestärkt.

Gespräch nicht mit einer Stellungnahme abschließen, sondern das Problem weiterhin als eine gemeinsame Aufgabe ansehen

Nicht selten kommt in kritischen Beratungssituationen das Gefühl auf, es ginge letztlich darum, einen Schuldigen zu finden. Dazu kommt es insbesondere, wenn ein Gespräch in der Kritikphase endet. Bei Eltern und Schülern entsteht dann häufig der Eindruck, versagt zu haben und mit den Schwierigkeiten alleine zu sein. Meistens kann in solchen Situationen die Kritik nicht konstruktiv verarbeitet werden – es kommt nicht zu einer Verhaltensänderung oder zu einer Zusammenarbeit. Um die Annahme der Kritik zu erleichtern und Grundlagen für eine weitere Zusammenarbeit zu legen, ist es wichtig, das Finden einer Lösung als gemeinsame Aufgabe von Schülern, Eltern und Lehrpersonen zu formulieren und darzustellen.

9.5 Gesprächsführungstechniken für schwierige Situationen

Neben der Grundhaltung des Beraters und den Hinweisen zur Annahme und zur Äußerung von Kritik in Gesprächen mit Eltern und Schülern gibt es einige Gesprächstechniken, die insbesondere in schwierigen Situationen hilfreich sind. Im Folgenden werden fünf Techniken für schwierige Gesprächssituationen vorgestellt: Metakommunikation, Zirkuläres Fragen, Fragen nach Ausnahmen von Problemen, Ich-Botschaften und Wunderfragen.

9.5.1 Metakommunikation

Metakommunikation bedeutet Kommunikation über die Kommunikation. Das eigentliche Thema wird für eine Weile verlassen, um die Aufmerksamkeit auf eine übergeordnete Betrachtungsebene zu verlagern. Die Gesprächspartner sprechen darüber, wie sie miteinander umgehen und was sie im Moment beschäftigt. Metakommunikation verlangt von den Beteiligten Mut und auch die Bereitschaft, sich selbst wahrzunehmen. In angespannten und schwierigen Gesprächssituationen kann sie helfen, Missverständnisse zu klären und die Kommunikation im Sinne einer Lösungsorientierung effektiver zu gestalten (siehe auch Kapitel 4.6).

Beispiele für Metakommunikation

Lehrperson: „Ich habe Ihren Standpunkt verstanden. Wir haben uns jetzt aber doch sehr weit von dem eigentlichen Beratungsanlass entfernt. Sind Sie damit einverstanden, dass wir unser Gespräch nun wieder darauf konzentrieren?"

Lehrperson: „Ich habe den Eindruck, wir kommen heute an dieser Stelle im Gespräch nicht weiter. Mir wäre es sehr recht, wenn wir das Gespräch für heute erst einmal beenden und dann einen neuen Termin vereinbaren könnten. Dann haben wir Zeit, noch einmal über die unterschiedlichen Aspekte nachzudenken und können dann noch einmal über das Thema sprechen. Wären Sie mit diesem Vorgehen einverstanden?"

9.5.2 Zirkuläres Fragen

In den meisten Beratungsgesprächen wird der Ratsuchende vom Berater im Verlauf des Gesprächs gefragt, wie es ihm geht und was er empfindet. Bei zirkulären Fragen wird dieser Rahmen erweitert, indem nach den *angenommenen* Bedeutungen für andere Beteiligte gefragt wird. Der Ratsuchende wird gebeten, die Bedeutung der Situation für andere Beteiligte einzuschätzen. Durch diese Art des Fragens werden dem Gespräch neue Informationen zugeführt. Diese Fragetechnik eignet sich insbesondere dann, wenn das Gespräch ins Stocken geraten ist bzw. ein Gesprächspartner stur auf seiner Position beharrt. Es wird dazu angeregt, die Situation aus einer anderen Perspektive zu betrachten. Neue Sichtweisen und Verständnisprozesse werden so angestoßen.

Beispiele für Zirkuläres Fragen

Lehrperson: „Sie haben gerade dargestellt, wie Sie die Situation sehen und was dies für Sie bedeutet. Was denken Sie, wie nimmt Ihr Kind die Situation wahr? Welche Bedeutung hat die Situation aus der Perspektive Ihres Kindes?"

Lehrperson: „Wenn wir nun einmal darüber nachdenken, wie das wohl Deine Eltern sehen: Was, denkst Du, bedeutet das für Deine Eltern? Kannst Du es beschreiben?"

9.5.3 Fragen nach Ausnahmen vom Problem

Das Fragen nach Ausnahmen von Problemen ist in kritischen Gesprächssituationen hilfreich, da dem Gesprächspartner so vermittelt wird, dass die beratende Lehrperson nicht nur auf das problematische Verhalten fokussiert bzw. dieses als unveränderbar einstuft. Dem Ratsuchenden wird das Gefühl vermittelt, dass dieses nur in bestimmten Situationen bzw. zu bestimmten Zeitpunkten auftritt und somit kontrollierbar ist. Hilfreich ist dabei die Gesprächstechnik „Immer stimmt in Verbindung mit Symptomen nie", die bereits in Kapitel 8.3 beschrieben wurde.

9.5.4 Ich-Botschaften

Um die eigene Wahrnehmung einer Person oder einer Situation zu beschreiben, werden in der alltäglichen Kommunikation meistens Du-Botschaften verwendet. Durch Du-Botschaften wird der Gesprächpartner direkt angesprochen, in der Folge bezieht er die angesprochenen Inhalte auch direkt auf sich und seine Persönlichkeit. Oft werden solche Botschaften als Vorwürfe wahrgenommen. Insbesondere in schwierigen Gesprächssituationen können Du-Botschaften dazu führen, dass sich Gesprächspartner persönlich angegriffen fühlen und sich die Situation weiter zuspitzt. Deshalb sollten Formulierungen, die mit „Du" oder „Sie“ anfangen, in Beratungsgesprächen vermieden werden. Stattdessen können „Ich-Botschaften“ formuliert werden, um eigene Empfindungen bzw. die eigene Perspektive auszudrücken. Dabei wird die eigene Wahrnehmung klar und deutlich formuliert. Das innere Erleben wird nicht in einer Aussage über den Gesprächspartner verschleiert, sondern klar und deutlich zu erkennen gegeben.

Für diese authentische Form der Kommunikation ist es wichtig, sich als Berater über die eigenen Bedürfnisse und Ziele im Klaren zu sein. Bezogen auf das Eltern-Lehrpersonen-Gespräch beinhaltet dies, dass die Lehrperson sich in der Vorbereitung des Gesprächs ihre Ziele und Anliegen im Hinblick auf die Ratsuchenden und die Situation notieren sollte. Es kann hilfreich sein, sich im Vorfeld einige Sätze in der Ich-Botschaft zu überlegen. Dann fällt es im Verlauf des Gesprächs leichter, diese einzusetzen. Einige Beispiele für Ich- bzw. Du-Botschaften im Beratungsgespräch an Schulen mit Eltern sind:

Beispiel 1
Du-Botschaft
Ihr Kind kann sich nicht gut in die Klasse integrieren.
Ich Botschaft
Ich erlebe, dass es oft Konflikte zwischen Jan und seinen Klassenkameraden gibt.

Beispiel 2
Du-Botschaft
Sie sollten die Hausaufgaben von Marie häufiger kontrollieren.
Ich Botschaft
Ich denke, Maries Leistungen würden sich verbessern, wenn sie die Hausaufgaben regelmäßig bearbeiten würde. Vielleicht wäre es eine Möglichkeit, dass sie diese am Abend gemeinsam mit Ihnen durchsprechen kann.

9.5.5 Die Wunderfrage

Die Wunderfrage ist eine weitere hilfreiche Frageform zur Zielformulierung und zur Klärung von schwierigen und vermeintlich festgefahrenen Gesprächssituationen. Die beratende Lehrperson bittet die Eltern bzw. den Schüler, darüber nachzudenken, was anders wäre, wenn das Problem durch ein Wunder über Nacht verschwinden würde. Folgende Formulierung kann dabei helfen, entsprechende Überlegungen einzuleiten:

„Angenommen, über Nacht würde ein Wunder geschehen. Wenn es über Nacht geschieht, merkt man ja nicht, dass sich ein Wunder ereignet hat, weil man tief und fest schläft. Aber Sie wachen am anderen Morgen auf und haben Ihr Ziel erreicht (das Problem ist verschwunden). Woran würden Sie merken, dass das Ziel erreicht ist (dass das Problem verschwunden ist)?“

Danach sollten die Eltern bzw. der Schüler durch die beratende Lehrperson dazu angeleitet werden, konkret auf der Handlungsebene zu beschreiben, was dann anders wäre, indem z. B. Fragen der Art „Was tun Sie dann?“, „Wer würde es als erstes merken?“ und „Wie fühlt sich das dann für Sie an?“ gestellt werden.

9.5.6 Im Überblick: Grundhaltung und Gesprächsstrategien für schwierige Gesprächssituationen

Manchmal sind schwierige Gesprächssituationen bereits im Vorfeld absehbar – hier kann eine ausführliche Vorbereitung auf die Situation erfolgen. Manchmal wendet sich ein Gespräch aber ganz unverhofft, oder es bleibt nicht viel Zeit für eine ausgiebige Vorbereitung. Für solche Fälle werden im folgenden Kasten zentrale Aspekte des Beraterverhaltens sowie Gesprächsführungsstrategien für schwierige Gesprächssituation noch einmal in einem Überblick dargestellt.

- **Schuldzuweisungen vermeiden**
- **Schwächen, wann immer möglich, positiv formulieren**
  Nicht: „Ihr Sohn Peter ist in Mathematik sehr schwach ...“,
  sondern: „Im Fach Mathematik kann sich Peter noch deutlich verbessern ...“
- **Sachlich bleiben**

Folgende Formulierungen können Ihnen je nach Gesprächssituation helfen, wieder zur Sachebene zurückzukehren:

- **Verständnis signalisieren**
  „Ich kann Ihren Standpunkt (gut) nachvollziehen.“
  „Ihren Ärger kann ich gut verstehen.“
  „Ich würde in Ihrer Situation genauso denken.“
- **Gesprächspartner aufwerten**
  „Ich stimme Ihnen zu.“
  „Das ist ein sehr wichtiger Punkt.“
  „Ich freue mich, dass Sie diesen Punkt ansprechen.“
  „Ihre Sicht des Problems ist für mich sehr wichtig.“
- **Rückfragen und Paraphrasieren**
  „Ich bin mir nicht sicher, ob ich Sie richtig verstanden habe. Könnten Sie bitte ...?“
  „Was genau meinen Sie damit?“
  „Was schlagen Sie stattdessen vor?“
  „Habe ich Sie richtig verstanden, wenn ...?“
  „Ein Beispiel dafür würde mir helfen, Sie besser zu verstehen.“

- **Differenzieren**
  „Das ist *ein* Aspekt, den Sie ansprechen. Es gibt noch weitere Gesichtspunkte."
- **Ergänzende Ich-Botschaften senden**
  „Ihre Frage erstaunt mich."

9.6 Ausgewählte schwierige Beratungssituationen

Wie bereits dargestellt, wirken sich viele Faktoren auf den Verlauf eines Beratungsgesprächs zwischen Lehrpersonen, Eltern und ggf. Schülern aus: Wer hat um das Gespräch gebeten? Ist es ein „klassisches" Eltern-Lehrer-Gespräch, das sich auf die Leistung des Schülers bezieht? Oder gibt es einen besonderen Anlass? In welcher Verfassung und Situation befinden sich die teilnehmenden Personen? Wie lange kennen sich Lehrpersonen und Eltern? Besteht ein Vertrauensverhältnis oder liegt eine angespannte Situation vor? – All dies sind Aspekte, die Einfluss auf das Gespräch und den Verlauf nehmen.

Im Folgenden werden einige Situationen geschildert, die in Beratungsgesprächen auftreten und eine Herausforderung darstellen. Sie erfordern besondere Sensibilität von Seiten der beratenden Lehrperson. Für die aufgeführten Beispiele sowie weitere schwierige Gesprächssituationen kann kein „Patentrezept" gegeben werden – lediglich Anregungen, Ideen und Ratschläge werden in diesem Kapitel aufgezeigt. Diese sind als Hinweise für Handlungsmöglichkeiten in schwierigen Situationen aufzufassen. Die folgenden schwierigen Gesprächssituationen werden in diesem Kapitel behandelt:

- Wenn ein Elternteil weint
- Wenn Eltern aggressiv und ausfallend werden
- Wenn Eltern schweigen
- Wenn Eltern ohne Punkt und Komma reden
- Wenn Eltern sich über Kollegen beklagen
- Wenn Eltern nicht die Wahrheit sagen

9.6.1 Wenn ein Elternteil weint

In Beratungsgesprächen zwischen Lehrpersonen und Eltern kann es vorkommen, dass ein Elternteil beginnt zu weinen. Meist geschieht dies, wenn eine vertrauensvolle Atmosphäre besteht – andernfalls würde das Elternteil diese Gefühlsregung nicht zeigen, sondern unterdrücken. Eine vertrauensvolle Atmosphäre ist ein wichtiger Aspekt für eine gute Zusammenarbeit zwischen Lehrpersonen und Eltern. Häufig stellt diese plötzliche und sehr heftige Gefühlsregung für die Lehrperson eine große Herausforderung dar, da dies eine eher ungewohnte Situation ist. Nur selten wird sie sich Handlungsstrategien für solche Situationen im Voraus überlegt haben. Daraus kann eine Unsicherheit entstehen, wie mit dieser Situation umgegangen werden soll. Möglicherweise fragt sie sich in einer solchen Situation: Wie soll ich reagieren? Habe ich mich falsch ausgedrückt? Was hat zu diesem Gefühlsausbruch geführt? Was bedeutet das Weinen? Wie soll ich mich verhalten? Möglichkeiten, mit der Situation umzugehen, werden im Folgenden aufgezeigt.

Der Weinende befindet sich, bevor es zu dieser Gefühlsregung kommt, in einer sehr angespannten, emotionalen Situation. Möglicherweise hat diese gar nichts mit dem Gespräch zu tun und dieses bot „nur" den Raum, diese Gefühle zu zeigen. In vielen Fällen geht es der Person, nachdem sie geweint hat, besser als vorher. Für viele Menschen beinhaltet Weinen den Abbau von Stress. Wie können beratende Lehrpersonen hier reagieren?

Zunächst ist es wichtig, die Situation richtig einzuordnen, denn Weinen ist eine natürliche Gefühlsregung. Dennoch ist es den Eltern oft sehr unangenehm, wenn Sie in Beratungssituationen beginnen zu weinen. Deshalb ist es zentral, den Eltern zu vermitteln, dass ihnen dies nicht unangenehm sein sollte. Entsprechend sollte dem weinenden Elternteil dann auch ausreichend Raum für die Gefühle gegeben werden. Auf diese Weise wird dem Ratsuchenden Akzeptanz und Nähe vermittelt.

Zu schnelles Trösten oder „Kleinreden" kann die Situation erschweren, denn es erweckt bei dem Ratsuchenden das Gefühl, der Berater sei mit der Situation überfordert und Gefühlsäußerungen gehörten nicht in ein Beratungsgespräch. Das Elternteil wird sich dann für seine Gefühle schämen, sich verschließen und versuchen, in Zukunft solche Gefühlsausbrüche zu unterdrücken. Dies wirkt sich negativ auf das Vertrauen zu der beratenden Lehrperson und auf die zukünftige Zusammenarbeit aus. Stattdessen sollte der weinende Gesprächspartner die Möglichkeit bekommen, seine Gefühle einzuordnen und sich zu sammeln. Inwieweit Lehrpersonen in solchen Gespräch trösten können, hängt von der Vertrautheit, der Ursache des Weinens, den erlernten Gesprächstechniken sowie der Gefühlssituation bei dem Weinenden und der beratenden Lehrperson ab.

Möglicherweise kann es für alle Beteiligten hilfreich sein, das Gespräch zu entflechten: Lehrpersonen können in diesem Fall fragen, ob ihr Gegenüber ein Glas Wasser trinken oder kurz an die frische Luft gehen möchte. Dies kann für beide Parteien die Möglichkeit eröffnen, sich wieder zu sammeln und die eigenen Gefühle wahrzunehmen. Es kann auch sein, dass das Elternteil von sich aus um eine solche Auszeit bittet. In diesem Fall ist es sinnvoll, darauf einzugehen. Nach einer solchen Pause kann das Gespräch in vielen Fällen entspannt fortgesetzt werden.

Ist der Lehrperson die Situation unangenehm, kann sie im Anschluss darüber reflektieren. Sie sollte dies jedoch nicht das Elternteil spüren lassen, sonst können Gefühle wie Scham und Sich-Verschließen die Folgen bei dem Elternteil sein.

9.6.2 Wenn Eltern aggressiv und ausfallend werden

Aufgebrachte und wütende Eltern werden in Beratungsgesprächen manchmal auch ausfallend und aggressiv. Sie greifen die persönlichen und beruflichen Kompetenzen der Lehrperson an, drohen mit beruflichen Konsequenzen und manchmal sogar mit dem Rechtsanwalt. Solche Angriffe werden von Lehrpersonen dann verständlicherweise als massive Kränkung, als Geringschätzung und als bedrohlich und belastend erlebt. Sie lösen in der Situation regelrecht Stress aus. Wichtig ist es, sich nicht in eine Rechtfertigungs- und Verteidigungshaltung drängen zu lassen.

Fühlt sich die beratende Lehrperson der Situation nicht gewachsen, so kann es durchaus eine Lösung sein, das Gespräch abzubrechen und zu einem anderen Zeitpunkt das Thema wieder aufzugreifen und Stellung zu nehmen (vgl. Kapitel 9.3). Fühlt sich die Lehrperson jedoch sicher, der Situation standhalten zu können, so kann sie die Angriffe eine Weile über sich ergehen lassen. Sie gibt den Eltern damit Raum, ihren „Dampf" abzulassen. Meistens zeigen sie sich dann weniger aggressiv, manchmal sogar sehr besorgt um ihr Kind. Oft werden in einer solchen Gesprächssituation auch andere aktuelle Probleme (Beziehungsstreit der Eltern, Schwierigkeiten am Arbeitsplatz) mit aktiviert und „ausgelebt". Wichtig ist es für die beratende Lehrperson, eindeutig zu klären, dass sie für diese Problembereiche nicht zuständig ist. Ggf. kann sie auf Wunsch der Eltern den Kontakt zu einer Beratungsstelle herstellen, mehr aber auch nicht.

Vereinzelt sind es die weniger guten Erinnerungen an die eigene Schulzeit, die übermäßige Reaktionen bei den Eltern hervorrufen, wenn sie zum Gespräch an die Schule kommen. Vielleicht haben sie das Gefühl, ihrem Kind würden die gleichen Ungerechtigkeiten widerfahren, die sie damals – aus ihrer subjektiven Perspektive – selbst erlebt haben. Da hier letztlich die Sorge um das Kind überwiegt, werden die Eltern nach dem anfänglichen „Dampfablassen" kooperativ und zugänglich.

In jedem Fall ist es wichtig, die Situation aufzugreifen und zu besprechen. Hier kann auf die Technik der Metakommunikation zurückgegriffen werden (vgl. Kapitel 9.5). Dabei wird die Gesprächssituation dann besprochen und reflektiert.

Manchmal steht hinter der Wut und den Aggressionen der Eltern aber nicht die Sorge um das Kind. In diesen Fällen möchten die Eltern ihre Macht der Lehrperson gegenüber beweisen und sie einschüchtern. Vielleicht, weil sie selbst in der Schule Demütigungen erfahren haben, vielleicht aber auch aus anderen Gründen. Hier ist es für die beratende Lehrperson von großer Bedeutung, den eigenen Selbstwert zu schützen und persönliche Grenzen aufzuzeigen. Dies kann in dem Gespräch durch folgende Aspekte erreicht werden:

- eine klare, laute und deutliche Stimme
- klare und prägnante Formulierungen
- präzise Begründungen

- strukturierte Inhalte
- Ausdrücken eigener Bedürfnisse
- Formulierung von Ich-Botschaften
- direkter Gefühlsausdruck
- entspannte Körperhaltung
- Wahrung des Blickkontakts
- Gleichwertigkeitshaltung: „Wir sind beide erwachsen, wir sind beide gleichwertig, wir haben beide unsere Verantwortung, Du hast Deine und ich habe meine."
- Ansprechen der Grenzüberschreitungen

Sehr hilfreich ist es, wenn vor solchen Situationen bereits eine Reflexion der Beraterrolle erfolgt ist. Eine entsprechende Übung findet sich in Kapitel 9.2. Ist sich die beratende Lehrperson über ihre Rolle im Klaren, fällt es leichter, mit solchen schwierigen Situationen umzugehen. Wenn Eltern häufiger aggressiv und unangemessen reagieren, kann bereits im Vorfeld überlegt werden, ob weitere Personen z. B. aus dem Kollegium zu dem Gespräch hinzugezogen werden. Wichtig ist allerdings, dies auch mit den Eltern abzusprechen bzw. sie zumindest darüber in Kenntnis zu setzten. Ggf. kann ihnen angeboten werden, auch eine weitere Person zu dem Gespräch mitzubringen. So wird die Gleichstellung gewahrt und ein Verlust der Kontrolle wird vermieden.

9.6.3 Wenn Eltern schweigen

Auch Schweigen ist eine Form der Kommunikation, denn es gilt die Kommunikationsregel nach Watzlawik (1969) „Man kann nicht nicht kommunizieren" (siehe Kapitel 4.6). Wichtig ist es, dem Schweigen Raum zu geben, auch wenn es vielleicht als Vergeudung wichtiger Zeit erscheint. Vergleichbar ist eine solche Situation mit der oben geschilderten Situation „Wenn ein Elternteil weint". Das Schweigen kann folgende Botschaften beinhalten: „Ich bin hier gezwungenermaßen, und deshalb möchte ich nichts sagen", „Mir fällt nichts ein", „Ich fühle mich zu unsicher, ich habe Angst, etwas von mir zu geben" oder ähnliches. Wichtig ist es, in einer solchen Situation das Schweigen auszuhalten und nicht aus der eigenen Unsicherheit heraus einen Monolog zu beginnen. Dieser kann den Gesprächspartner erdrücken und verunsichern; ein Austausch im Gespräch kann nicht mehr erfolgen.

In vielen Fällen wird das Schweigen nach einer gewissen Zeit durch den Schweigenden gebrochen. Sollte dies nicht der Fall sein, kann die Lehrperson mithilfe der Metakommunikation das Schweigen direkt ansprechen: „Ich erlebe gerade, dass Sie schweigen, und ich denke, Sie haben gute Gründe dafür. Wie geht es Ihnen damit, dass wir heute dieses Gespräch führen?" oder „Ich habe das Gefühl, dass Sie sich an diesem Gespräch nicht so gerne beteiligen möchten. Was würde es Ihnen erleichtern, heute mit mir zu sprechen?". Dies zeigt dem Gesprächspartner Verständnis und bietet ihm die Möglichkeit, seine Gefühle anzusprechen.

9.6.4 Wenn Eltern ohne Punkt und Komma reden

In Beratungsgesprächen mit Eltern kann es auch vorkommen, dass Eltern viel, manchmal sogar ohne Punkt und Komma reden. Es gibt unterschiedliche Gründe für diese Verhaltensweise in einem Gespräch, z. B. Unsicherheit in der Situation oder Angst vor Bewertung. Manche wollen vermeiden, dass die Lehrperson kritische Punkte anspricht, und andere freuen sich darüber, dass jemand da ist, der einfach mal zuhört.

Im Verlauf eines solchen Gespräches kann es hilfreich sein, wenn die beratende Lehrperson strukturierend eingreift. Dies kann z. B. erfolgen, indem die Gesprächstechnik *Paraphrasieren* angewendet wird. Dabei werden die wesentlichen Aussagen des Gesprächs zusammengefasst und wiederholt. Durch das Paraphrasieren wird der Sprechende gebremst und die beratende Person kann sich aktiv in das Gespräch einbringen. Satzanfänge, die helfen können, Vielredner zu unterbrechen, finden sich in Kapitel 8.2.

9.6.5 Wenn Eltern sich über Kollegen beklagen

Beschwerden von Eltern und Schülern über Kollegen werden von der beratenden Lehrperson meist als konflikthaft erlebt und stellen eine große Herausforderung dar. Sicherlich zeugt dies von großem Vertrauen der Ratsuchenden in den Berater, aber es ist für diesen auch sehr schwer, in einer solchen Situation angemessen Stellung zu nehmen. Wichtig ist es dabei, sich nicht zu einer Stellungnahme drängen zu lassen und möglichst auch nicht Partei zu ergreifen. Auch Rechtfertigungen für das Verhalten des Kollegen oder die Suche nach Erklärungen für dessen Verhalten sollten nicht thematisiert werden. Denn es ist nicht die Rolle der beratenden Lehrperson, in das pädagogische Verhalten eines Kollegen einzugreifen. Vielmehr ist dies die Aufgabe der Schulleitung oder der entsprechenden Fachgruppe. Dennoch ist es wichtig, den Ratsuchenden zu vermitteln, dass ihr Anliegen ernstgenommen wird. Dies kann z. B. durch Aktives Zuhören und Paraphrasieren erfolgen (siehe Kapitel 8.2). Weiterhin ist es hilfreich zu erfragen, welche Schritte bereits unternommen wurden:

- „Gab es schon ein Gespräch mit der Schulleitung oder mit dem betreffenden Kollegen?“
- „Wie stellen Sie sich meine Unterstützung vor?“

Fragen dieser Art liefern wichtige Informationen, auf deren Basis dann das weitere Vorgehen besprochen werden kann. Je nach Situation kann die beratende Lehrperson eine Vermittlung von einem Gespräch mit der Schulleitung und/oder dem Kollegen anbieten oder sich als Vermittler für ein Gespräch bzw. als Mediator in der Situation einbringen. Auf diese Weise wird das Anliegen der Eltern bzw. des Schülers ernst genommen, ohne dass sich die beratende

Lehrperson in ein problematisches Bündnis begibt. Sollte es der Lehrperson nicht möglich sein, einen der oben beschriebenen Wege zu gehen, sollte sie dies dem Ratsuchenden mitteilen und in dem Gespräch die verschiedenen Lösungswege ansprechen.

9.6.6 Wenn Eltern nicht die Wahrheit sagen

Manchmal kommt es vor, dass Eltern oder Schüler in Beratungsgesprächen Informationen und Sachverhalte beschreiben, die mit denen glaubwürdiger anderer Quellen (andere Eltern, Schüler, Lehrpersonen usw.) nicht übereinstimmen. Wenn die beratende Lehrperson das Gefühl hat, dass die Ratsuchenden die Unwahrheit sagen, gilt es zunächst, Ruhe zu bewahren und die Situation behutsam aufzuklären. Oft sind Eltern oder Schüler nicht aus Bosheit oder Heimtücke unehrlich, sondern aus Angst und Scham. Dazu kommt manchmal auch, dass ihre Wahrnehmung der Situation verzerrt ist und diese kaum oder überhaupt nicht mit der Außenwahrnehmung anderer Personen übereinstimmt (Differenz von Fremd- und Selbstwahrnehmung).

Für den Beratungsprozess ist es nicht hilfreich, wenn die Ratsuchenden direkt mit den Informationen anderer Quellen konfrontiert und sie der „Lüge“ überführt werden. Denn dann beginnt meistens eine „Wer hat Recht“-Diskussion, oder die Eltern bzw. die Schüler verschließen sich. In beiden Fällen ist eine weitere Zusammenarbeit gefährdet. Oberstes Ziel sollte aber immer sein, eine Zusammenarbeit zu ermöglichen. Deshalb ist es wichtig, eine vertrauensvolle Gesprächsatmosphäre zu schaffen, bevor die Situation thematisiert wird. Danach kann vorsichtig damit begonnen werden, die Ratsuchenden über die unterschiedliche Informationslage aufzuklären. Allerdings sollten dabei nur innerschulische Informationen aufgeführt werden. Informationen aus außerschulischen Quellen sollten in dem Gespräch nicht thematisiert werden.

9.7 Zusammenfassung

In ihrer Berufslaufbahn werden die meisten Lehrpersonen auch schwierige Gesprächssituationen erleben. Dies liegt nicht zuletzt daran, dass Beratungsgespräche oft erst dann geführt werden, wenn sich das Problem bereits zugespitzt hat bzw. etwas vorgefallen ist. Das Gespräch wird dann oft als „letzte Lösung“ gesehen – entsprechend emotionsgeladen ist dann auch die Beratungssituation. Ob eine spezielle Gesprächssituation als schwierig empfunden wird oder nicht, hängt von sehr unterschiedlichen Faktoren ab. Wesentlich ist dabei die Beurteilung der Situation durch die betroffenen Personen (Berater, Eltern, Schüler). Für den beratenden Lehrer ist es deshalb sehr wichtig, bereits vor dem Gespräch die Situation zu reflektieren und über Empfindungen, Meinungen und Positionen der Beteiligten nachzudenken. Denn in schwierigen Gesprächssituationen ist es von besonderer Bedeutung, der Perspektive der Eltern bzw. des Schülers Wertschätzung entgegenzubringen und diese zu akzeptieren – auch wenn man selbst anderer Meinung ist. Hier ist es hilfreich, sich in den Gesprächspartner hineinzuversetzen und zu versuchen, die Situation aus seiner Perspektive wahrzunehmen. So können potenzielle Konflikte bereits im Vorfeld aufgespürt werden, denn diese resultieren meist aus zunächst einseitigen Sichtweisen des Problems und dem Beharren auf der eigenen Perspektive. Zusätzlich können bei der Vorbereitung schwieriger Gespräche auch die Erwartungen und Ziele der Beteiligten, die bisherigen Vorerfahrungen, die persönliche Befindlichkeit, die zu erwartenden Gesprächsteilnehmer sowie die Rahmenbedingungen (zeitlicher Rahmen, räumliche Gegebenheiten) miteinbezogen werden.

Der Gesprächsverlauf wird sehr positiv beeinflusst, wenn es dem beratenden Lehrer gelingt, den Schwerpunkt nicht auf Positionen zu einem Problem sondern auf Interessen der Beteiligten zu lenken. Nicht zuletzt, weil die Beteiligten meistens sehr ähnliche Interessen haben – so sind Eltern und Lehrer z. B. an einer günstigen Entwicklung des Kindes interessiert. Durch den Fokus auf Interessen wird zudem das Finden von Lösungen unterstützt. Dabei ist es von großer Bedeutung, dass der Verantwortungsbereich und der Handlungsspielraum des Beraters abgesteckt werden. Die Lehrperson ist – auch in der Rolle des Beraters – nicht für die Lösung jeglicher Probleme der Eltern und Schüler verantwortlich. Es gibt Grenzen der Zuständigkeit, darüber hinaus sollten Instanzen wie der Schulpsychologische Dienst, Beratungsstellen, Ärzte und Therapeuten hinzugezogen werden.

Ein zentraler Punkt in schwierigen Gesprächssituationen ist der Umgang mit Kritik. Wenn Eltern in dem Gespräch Kritik äußern, ist es wichtig, sich nicht zu rechtfertigen, eigene Fehler zuzugeben, keine vorläufigen Lösungen zu erzwingen, sachlich das weitere Vorgehen zu beschreiben und die eigenen Emotionen nicht zu unterdrücken. Wenn die beratende Lehrperson in Gesprächen Kritik äußern möchte, ist darauf zu achten, nicht mit einer Sammlung kritischer Punkte zu beginnen, sondern zunächst das Positive aufzuzeigen. Die Kritik sollte nicht allgemein formuliert sein, sondern auf konkrete Situationen bezogen werden. Hilfreich ist es auch, Interesse an einer gemeinsamen Lösungsfindung zu äußern, den Blick in die Zukunft zu öffnen und das Problem als gemeinsame Aufgabe anzusehen.

Um in schwierigen Gesprächssituationen den Verlauf in eine konstruktive Richtung zu lenken, kann der beratende Lehrer auf Metakommunikation, zirkuläres Fragen, Fragen nach Ausnahmen von Problemen, Ich-Botschaften und Wunderfragen zurückgreifen. Diese Gesprächsstrategien und -techniken wurden in diesem Kapitel beschrieben. Ergänzend wurden Strategien für ausgewählte schwierige Gesprächssituationen (z. B. wenn Eltern weinen, wenn Eltern aggressiv und ausfallend werden) im Schulalltag vorgestellt.

10 Perspektiven für Praxis und Forschung

In diesem abschließenden Kapitel werden zunächst Perspektiven für die Praxis der Lehreraus- und Weiterbildung im Bereich der Beratungskompetenz thematisiert. Anschließend wird ein Ausblick auf zukünftige Ansatzpunkte für die Forschung zur Beratungskompetenz von Lehrpersonen gegeben.

10.1 Perspektiven für die Praxis: Beratungskompetenz in der Lehreraus- und -weiterbildung

In den ersten Kapiteln wurde ausführlich dargestellt, dass die Beratung von Schülern und Eltern durch die Lehrpersonen zunehmend wichtiger wird. Dies kann auf unterschiedliche Ursachen zurückgeführt werden (siehe Kapitel 1 und Kapitel 2). Mit diesem ansteigenden Beratungsbedarf ist ein Rollenwandel im Lehrerberuf eng verknüpft: Die Lernbegleitung – innerhalb und außerhalb der Schule – wird zunehmend wichtiger. Befragungen von Eltern kommen zu dem Ergebnis, dass diese sich oft nicht sicher sind, wie sie ihr Kind optimal beim Lernen zu Hause unterstützen können. Sie wünschen sich deshalb von den Lehrpersonen ihres Kindes eine Beratung sowie Tipps und Strategien (z. B. Hertel, 2009; Krumm, 1996; Wild, 2003).

Folglich erscheint es ausgesprochen wichtig, Beratungskompetenz auch in theoretische Konzeptionen zur Handlungskompetenz von Lehrpersonen sowie auch in deren Aus- und Weiterbildung aufzunehmen. Hier sind bereits erste Schritte erfolgt – so führen etwa Baumert und Kunter (2006) in ihrer Konzeption zu professionellen Handlungskompetenzen von Lehrpersonen explizit das Beratungswissen als eigenständigen Kompetenzbereich an. Bezogen auf die Aus- und Weiterbildung von Lehrpersonen im Bereich der Schüler- und Elternberatung hingegen wird von vielen Seiten auf notwendige Optimierungen hingewiesen (z. B. Freyaldenhoven, 2005; Landesinstitut für Schule und Weiterbildung, 2001).

Dem beschriebenen Wandel der Lehrerrolle und dem ansteigenden Beratungsbedarf stehen in der Lehreraus- und -weiterbildung bisher nur wenige Angebote gegenüber. In einigen Ländern Deutschlands gibt es spezifische Fortbildungsprogramme, die Lehrpersonen als Beratungslehrer qualifizieren – allerdings sind diese Fortbildungsprogramme in der Regel sehr umfangreich und inhaltsspezifisch. In der Lehrerausbildung werden an einigen Universitäten und Studienseminaren Veranstaltungen und Modelle zur Beratungskompetenz angeboten. Diese sind jedoch meist freiwillig zu belegen und nicht fest ins Curriculum integriert.

Vor diesem Hintergrund erscheint es sehr wichtig, auf der Grundlage evaluierter Trainingskonzepte und Erkenntnisse zur Entwicklung von Beratungskompetenz in der Lehrerlaufbahn, Aus- und Weiterbildungsangebote im Bereich der Beratungskompetenz zu unterbreiten und als festen Bestandteil in der Lehrerausbildung (1. und 2. Ausbildungsphase) vorzusehen. Diese sollten zunächst als Einstiegskurs konzipiert sein, der die Grundlagen für die Beratungsarbeit im Schulalltag vermittelt. Die Teilnehmer werden dann auf die Beratungsaufgaben vorbereitet, denen sie im Schulalltag gegenüberstehen – bislang allerdings ohne entsprechende Kenntnisse im Bereich der Beratung. Dabei konnte in wissenschaftlichen Studien gezeigt werden, dass bereits sehr kurze Interventionen (vier Termine von jeweils 210 Minuten) zu einer nachhaltigen Kompetenzsteigerung führen können. Thematische Spezifizierungen können dann in vertiefenden Kursen vermittelt werden, wenn Lehrpersonen ihre Beratungstätigkeit intensivieren möchten. Auch der Beginn einer Beratungslehrerausbildung, wie sie in einigen Ländern Deutschlands angeboten wird, wäre als Weiterführung möglich.

10.2 Perspektiven für die Forschung

10.2.1 Untersuchungen zur Wirksamkeit von Beratungskompetenztrainings für Lehrpersonen

Um die Aus- und Weiterbildungsangebote optimal auf die Bedürfnisse der (angehenden) Lehrpersonen ausrichten zu können, ist es wichtig, noch mehr über die Wirksamkeit von Beratungskompetenztrainings zu erfahren. Zentrale Fragestellungen sind hierbei z. B.:

- Welche Trainingselemente unterstützen den Erwerb von Beratungskompetenz?
- Kann durch das Aufnehmen zusätzlicher Elemente (z. B. Rückmeldung, Unterstützung der Selbstreflexion, Videoanalysen) die Effektivität der Fortbildung gesteigert werden?
- Welche Lehrpersonen profitieren besonders von der Fortbildung?

Zur Beantwortung dieser Fragen kann auf Ergebnisse von bisherigen Untersuchungen in diesem Bereich aufgebaut werden. In Studien von Hertel (2009) zeigte sich z. B., dass insbesondere Lehrpersonen zwischen 31 und 40 Jahren, Lehrpersonen, deren Unterrichtsfächer nicht im sprachlichen Bereich liegen, sowie Lehrpersonen, die vor der Intervention über eine geringe Beratungskompetenz verfügen, von den Interventionen profitieren. Zudem zeigte sich, dass bereits im Beruf stehende Lehrpersonen von der Fortbildung in allen Kompetenzbereichen profitieren, angehende Lehrpersonen hingegen nur in spezifischen Kompetenzbereichen (siehe Kapitel 7).

Zusätzlich untersuchte Hertel (2009) auch die Wirkung ergänzender Elemente im Rahmen eines Beratungskompetenztrainings. Die ergänzenden Elemente waren in Anlehnung an Strasser und Gruber (2003), Voigt (2003) sowie Thiel (2003) erstens eine *angeleitete Selbstreflexion* und zweitens eine *Rückmeldung über die Kompetenzentwicklung*. Es wurde vermutet, dass beide Elemente die Kompetenzentwicklung positiv beeinflussen und die Wirkung des Trainings zusätzlich steigern. Die Auswertungen zeigten, dass die teilnehmenden Lehrpersonen hinsichtlich aller Kompetenzfacetten und im Bereich des beratungsbezogenen Wissens von dem Training profitieren. Allerdings konnten keine verstärkenden Wirkungen durch die zusätzlichen Elemente beobachtet werden. Die angeleitete Selbstreflexion und die Rückmeldung über die Kompetenzentwicklung unterstützten den Kompetenzerwerb – zumindest in der gewählten Umsetzung – nicht. In zukünftigen Studien sollten unterschiedliche Varianten der angeleiteten Selbstreflexion und der Rückmeldung über die Kompetenzentwicklung erprobt werden möglicherweise lassen sich dann die erwarteten Effekte für die Kompetenzentwicklung finden.

Die Evaluation von Trainingsprogrammen und Interventionen zur Förderung der Beratungskompetenz von Lehrpersonen sollte allerdings über das Untersuchen der Trainingserfahrungen und der Handlungskompetenz hinausgehen. Galuzzo und Graig (1990) beschreiben einen Evaluationsansatz, der bei der Planung von Evaluationen hilfreich sein kann. Sie unterscheiden zwischen der Programm-Evaluationsschleife und der Programm-Validierungsschleife (siehe **Abb. 10.1**).

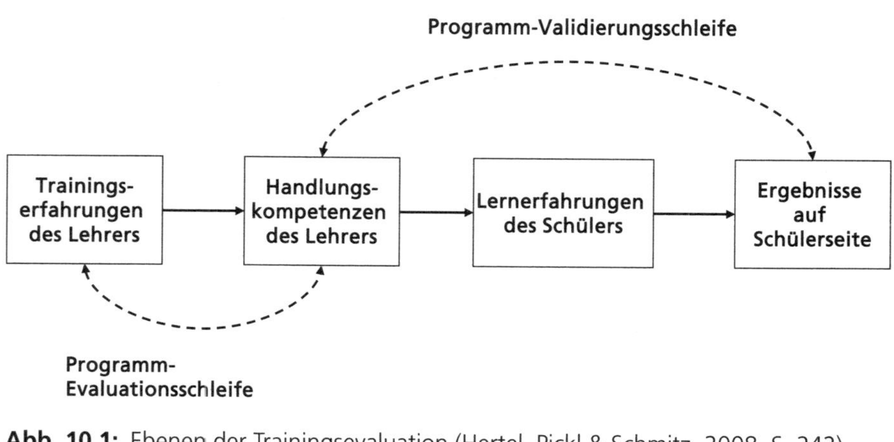

Abb. 10.1: Ebenen der Trainingsevaluation (Hertel, Pickl & Schmitz, 2008, S. 242)

Die *Programm-Evaluationsschleife* untersucht, ob das Training zu einem Ansteigen der Handlungskompetenz bei den Teilnehmenden führt. Durch diese Art der

Evaluation können Aussagen über die Effektivität des Trainingsprogramms oder der Interventionen getroffen werden. Die *Programm-Validierungsschleife* untersucht, ob durch eine gesteigerte Handlungskompetenz der Lehrpersonen letztlich auch Ergebnisse auf Schülerseite beobachtet werden können. Durch diesen Evaluationsansatz können dann Aussagen darüber getroffen werden, ob das Training der Lehrpersonen auch mit positiven Effekten für die Schüler verbunden ist. Dies ist wichtig, da viele Lehrerfortbildungen letztlich auf Verbesserungen der Lern- und Unterrichtssituation abzielen und deshalb Ergebnisse auf Schülerseite erwarten. Bislang liegen jedoch nur für wenige Lehrerfortbildungen systematische Untersuchungen zur Wirksamkeit vor und diese gehen dann meist nicht über die Evaluation des Programms hinaus. In zukünftige Evaluationsstudien sollte auch die Programm-Validierungsschleife ins Untersuchungsdesign aufgenommen werden. Dabei ist es durchaus sinnvoll, zunächst in einem ersten Schritt das Trainingsprogramm zu evaluieren und zu optimieren. Wenn die Untersuchungen dann ergeben, dass das Trainingsprogramm wirksam ist und zu einer Steigerung der Handlungskompetenzen bei den teilnehmenden Lehrpersonen führt, können in einem zweiten Schritt Untersuchungen zur Validierung des Programms beginnen. Im Hinblick auf die Beratungskompetenz von Lehrpersonen sind dabei sowohl Effekte auf Schüler- als auch auf Elternseite zu integrieren.

Für die Programm-Evaluation und die Programm-Validierung sind dabei multi-methodale Vorgehensweisen (z. B. Eid & Diener, 2006) empfehlenswert. Der multi-methodale Ansatz integriert Informationen aus unterschiedlichen Datenquellen (Befragungen, Verhaltensbeobachtungen, Wissenstests, Szenariotests) bei der Auswertung und ermöglicht somit ein genaueres und umfassenderes Abschätzen von Effekten (siehe Kapitel 5.2, 5.4).

10.2.2 Forschung zum Konzept der Beratungskompetenz von Lehrpersonen

Es gibt vielfältige Ratgeber zu Kommunikation und Gesprächsführung sowie zu Beratungsanlässen und Kompetenzen eines Beraters. Dabei werden viele Aspekte der Beratungskompetenz aufgezählt – sowohl Persönlichkeitseigenschaften als auch Gesprächsführungsstrategien, Interventionstechniken und inhaltliche Kompetenzen. Diese leiten sich zumeist aus verschiedenen theoretischen Konzepten ab, entsprechend unterschiedlich sind dann die aufgeführten Beratungsstrategien und Aspekte der Beraterkompetenzen.

Allerdings stehen der umfangreichen Ratgeberliteratur nur sehr wenige empirisch fundierte Ansätze gegenüber, die das Konzept der Beratungskompetenz im Rahmen von wissenschaftlichen Untersuchungen bearbeitet haben. Im Bereich der Beratungskompetenz von Lehrpersonen gibt es nun erste Untersuchungen, so hat z. B. Hertel (2009) Studien zu einer empirisch fundierten Definition der Beratungskompetenz von Lehrpersonen durchgeführt. Zentrale Fragestellungen für die weitere Forschung zum Konzept von Beratungskompetenz im Allgemeinen und für die Beratungskompetenz von Lehrpersonen im Besonderen wären z. B. die Folgenden:

- Welche Bereiche/Dimensionen von Beratungskompetenz lassen sich unterscheiden?
- In welchem Zusammenhang stehen die Kompetenzbereiche zueinander?
- Muss in bestimmten Bereichen ein gewisses Maß an Kompetenz vorhanden sein, damit eine Beratung erfolgreich verlaufen kann?

Diese Fragen sind sowohl aus theoretischer als auch aus praktischer Perspektive relevant. Die Frage nach der Dimensionalität der Beratungskompetenz ist z. B. sehr eng verknüpft mit der Entwicklung von Instrumenten zur Diagnostik der Beratungskompetenz von (angehenden) Lehrpersonen im Schulalltag, mit der Entwicklung von Aus- und Fortbildungselementen und letztlich auch mit der zielgerichteten Ausrichtung des Aus- und Fortbildungsangebots auf die Bedürfnisse der Lehrpersonen.

Auch die Fragen nach dem Zusammenhang der Dimensionen und der Art der Verknüpfung gehen mit praktischen Aspekten einher. Wird eine *additive Verknüpfung* der Kompetenzdimensionen angenommen, können Schwächen in einigen Kompetenzbereichen durch Stärken in anderen Kompetenzbereichen ausgeglichen werden. Auch wenn ein Berater über geringe Kompetenzen in einem bestimmten Bereich verfügt, kann er demnach ein guter und erfolgreicher Berater sein. Demnach handelt es sich hier um ein kompensatorisches Modell. Wird hingegen eine *multiplikative Verknüpfung* der Kompetenzdimensionen zugrunde gelegt, führen schon geringe Kompetenzausprägungen in einigen Bereichen zu einem starken Absinken der Gesamtberatungskompetenz – auch wenn der Berater in anderen Bereichen durchaus hohe Kompetenzwerte aufweist. Ein Ausgleich von Schwächen durch Stärken in anderen Bereichen ist nach diesem Modell nicht möglich. Daraus folgt, dass ein Berater Kompetenzen in allen Bereichen benötigt, um ein guter Berater zu sein. Theoretisch handelt es sich hierbei um ein nicht-kompensatorisches Modell. Im Hinblick auf die Beratungskompetenz könnte z. B. die diagnostische Kompetenz des Beraters eine notwendige Voraussetzung für den Beratungserfolg sein (vgl. Kapitel 6.3.2).

Zukünftige Studien sollten neben der Weiterführung der Untersuchungen zur Dimensionalität von Beratungskompetenz auch die Zusammenhänge zwischen den Kompetenzfacetten untersuchen. Dabei können kompensatorische und nicht-kompensatorische Modelle überprüft werden.

10.2.3 Forschung zur Entwicklung der Beratungskompetenz von Lehrern im Laufe ihrer Berufslaufbahn

Zusätzlich zu den Fragen danach, wie Beratungskompetenz von Lehrpersonen gefördert werden kann und welche Aspekte hierbei unterschieden werden können, ist auch die Frage, wie sich Beratungskompetenz von Lehrpersonen in der

Berufslaufbahn entwickelt, ein wichtiger Ansatzpunkt für die weitere Forschung – sowohl aus theoretischer als auch aus praktischer Perspektive.
Aus theoretischer Perspektive ist diese Frage insbesondere im Hinblick auf die Unterscheidung von Kompetenzstufen bzw. Kompetenzniveaus interessant. Dabei können Kompetenzausprägungen in den unterschiedlichen Bereichen der Beratungskompetenz sowohl empirisch als auch inhaltlich betrachtet werden.

Aus praktischer Perspektive ist die Untersuchung der Entwicklung von Beratungskompetenz in der Berufslaufaufbahn von Lehrern wichtig, um die Aus- und Fortbildungsangebote und die gewählten Instruktionen gezielt auf die Voraussetzungen der teilnehmenden (angehenden) Lehrpersonen auszurichten – denn um entsprechende Interventionen effizient und zielgruppengerecht zu konzipieren, sind Kenntnisse darüber, wie sich die Beratungskompetenz von Lehrpersonen entwickelt, unerlässlich. Aus diesen Erkenntnissen resultiert letztlich, welche Kompetenzaspekte zu welchem Zeitpunkt und in welcher Abfolge zu schulen sind.

Erste Ansatzpunkte ergeben sich dabei aus bestehenden Werken: So weisen z. B. Strasser und Gruber (2003) darauf hin, dass in unterschiedlichen Phasen des Kompetenzerwerbs unterschiedliche Komponenten von Beratungskompetenz thematisiert werden sollten. Erste empirische Hinweise darauf lassen sich auch aus Untersuchungen von Hertel (2009) zur Förderung der Beratungskompetenz von Lehramtsstudierenden ableiten: Studierende profitierten in diesen Studien nur im Hinblick auf einige Kompetenzbereiche und das Beratungswissen, Lehrpersonen im Beruf hingegen konnten in allen Kompetenzbereichen und im Beratungswissen von der Teilnahme an der Fortbildung profitieren (siehe Kapitel 7.1).

Offenbar sind Erfahrungen, die nach dem Eintritt in das Berufsleben gesammelt werden und zu einem elaborierten Verständnis des Handlungsfelds führen, wichtig, um einige Aspekte der Beratungskompetenz zu erwerben. Wenn die Lehrpersonen, die an der Fortbildung teilnehmen, bereits über eine Orientierung im Handlungsfeld des Schulalltags verfügen, können die vermittelten Inhalte auf den beruflichen Alltag bezogen werden. Der Nutzen der Inhalte für den Berufsalltag kann besser abgeschätzt werden. Eine Umwandlung persönlicher und beruflicher Erfahrung kann erfolgen, vor deren Hintergrund sich dann auch Beratungskompetenz entwickeln kann.

Studierende in Lehramtsstudiengängen hingegen verfügen über keine bzw. nur sehr wenig Berufserfahrung in pädagogischen Handlungsfeldern. Die Selbsteinschätzung von und die Selbstreflexion über das Beratungshandeln wird so maßgeblich erschwert – und auch ein direkter Transfer in den Berufsalltag kann nur in einem übertragenen Sinne erfolgen (z. B. im Rahmen von Beratungsgesprächen mit Freunden). Dementsprechend fehlen die notwendigen Erfahrungshintergründe, um die im Rahmen des Trainings vorgestellten Inhalte einordnen zu können und ihren Nutzen zu beurteilen. Die durchgeführten Rollenspiele können die Berufserfahrung nicht ersetzen. Vor diesem Hintergrund wird verständlich, warum angehende Lehrpersonen nur in den Bereichen *Personale Ressourcen* und *Beratungswissen* von der Teilnahme an dem Training

profitieren: Sie lernen, ihr Beratungsverhalten besser zu beobachten, und sie erfahren mehr über ihre eigenen Reaktionsweisen in Beratungssituationen durch die Gesprächsübungen und Rollenspiele.
Allerdings zeigen diese Befunde auch, dass bereits im Rahmen der ersten Ausbildungsphase von Lehrpersonen (universitäre Ausbildung) eine wichtige Grundlage für den weiteren Erwerb von Beratungskompetenz gelegt werden kann. Somit wird ein weiterer Schritt in Richtung der Erfüllung der Standards für eine ausgebildete Lehrperson (Terhart, 2002) eingeleitet.

10.3 Zusammenfassung

Ein Blick in den Schulalltag zeigt, dass die Beratung von Schülern und Eltern durch Lehrpersonen zunehmend wichtiger wird. Mit diesem ansteigenden Beratungsbedarf ist ein Rollenwandel im Lehrerberuf eng verknüpft: Die Lernbegleitung – innerhalb und außerhalb der Schule – gewinnt an Bedeutung. Vor diesem Hintergrund wird deutlich, dass es sehr wichtig ist, Beratungskompetenzen sowohl in die theoretischen Konzepte zu professionellen Handlungskompetenzen von Lehrpersonen aufzunehmen als auch in die Aus- und Weiterbildung von Lehrpersonen zu integrieren. Zwar sind in beiden Bereichen schon erste Schritte erfolgt, insbesondere im Bereich der Aus- und Weiterbildung ergeben sich allerdings noch vielfältige Optimierungsmöglichkeiten. Insgesamt stehen dem beschriebenen Wandel der Lehrerrolle und dem ansteigenden Beratungsbedarf bisher nur wenige Aus- und Weiterbildungsangebote gegenüber. In einigen Ländern Deutschlands gibt es spezifische Fortbildungsprogramme, die Lehrpersonen als Beratungslehrer qualifizieren – allerdings sind diese Fortbildungsprogramme in der Regel sehr umfangreich und inhaltsspezifisch. In der Lehrerausbildung werden an einigen Universitäten und Studienseminaren Veranstaltungen und Module zur Beratungskompetenz angeboten. Diese sind jedoch meist freiwillig zu belegen und nicht fest ins Curriculum integriert. Um die Aus- und Weiterbildungsangebote optimal auf die Bedürfnisse der (angehenden) Lehrpersonen ausrichten zu können, ist es wichtig, noch mehr über die Wirksamkeit von Beratungskompetenztrainings zu erfahren. Dabei stellen sich folgende Fragen: Welche Trainingselemente unterstützen den Erwerb von Beratungskompetenz? Kann durch das Aufnehmen zusätzlicher Elemente (z. B. Rückmeldung, Unterstützung der Selbstreflexion, Videoanalysen) die Effektivität der Fortbildung gesteigert werden? Welche Lehrpersonen profitieren besonders von der Fortbildung? Erste Ansatzpunkte zur Beantwortung dieser Fragen wurden im Rahmen des Kapitels bereits aufgezeigt – allerdings besteht hier Bedarf nach zusätzlicher Forschung.

Um Aussagen über die Wirksamkeit von Trainingsprogrammen zur Förderung der Beratungskompetenz treffen zu können, ist sowohl die Wirkung des Trainingsprogramms als auch seine Transfer-Wirkung in den Schulalltag zu untersuchen. Dabei ist in einem ersten Schritt das Trainingsprogramm zu evaluieren und zu optimieren. Wenn die Untersuchungen ergeben, dass das Trainingsprogramm wirksam ist – d. h. dass eine Steigerung der Beratungskompetenzen bei den teilnehmenden Lehrpersonen beobachtet werden kann – können in einem zweiten Schritt Untersuchungen zur Validierung des Programms (Transfer-Wirkung) beginnen. Dabei sollten sowohl Effekte auf Schüler- als auch auf Elternseite betrachtet werden.

Aus theoretischer Perspektive sind insbesondere Fragen der Unterscheidung von Kompetenzstufen bzw. Kompetenzniveaus interessant. Dabei können Kompetenzausprägungen in den unterschiedlichen Bereichen der Beratungskompetenz sowohl empirisch als auch inhaltlich betrachtet werden. Hier stellen sich Fragen wie: Welche Bereiche/Dimensionen von Beratungskompetenz lassen sich unterscheiden? In welchem Zusammenhang stehen die Kompetenzbereiche zueinander? Muss in bestimmten Bereichen ein gewisses Maß an Kompetenz vorhanden sein, damit eine Beratung erfolgreich verlaufen kann? Diese Fragestellungen sind allerdings auch aus praktischer Perspektive hoch relevant: Um die Aus- und Fortbildungsangebote sowie die gewählten Instruktionen gezielt auf die Voraussetzungen der teilnehmenden (angehenden) Lehrpersonen auszurichten, sind Kentnisse zur Dimensionalität der Beratungskompetenz sowie ihrer Entwicklung in der Berufslaufbahn von Lehrpersonen sehr wichtig. Diese Erkenntnisse können dazu genutzt werden, Interventionen effizient und zielgruppengerecht zu konzipieren. Und schließlich lassen sich daraus auch Hinweise ableiten, welche Kompetenzaspekte zu welchem Zeitpunkt und in welcher Abfolge zu schulen sind.

Literatur

Arunkumar, R., Midgley, C. & Urdan, T. (1999). Perceiving High or Low Home-School Dissonance: Longitudinal Effects on Adolescent Emotional and Academic Well-Being. *Journal of Research on Adolescence, 9,* 441–466.

Bachmair, S., Faber, J., Henning, C., Kolb, R. & Willig, W. (1989). *Beraten will gelernt sein. Ein praktisches Lehrbuch für Anfänger und Fortgeschrittene.* Weinheim: Psychologie-Verlags-Union.

Bandura, A. (1986). *Social Foundations of Thought and Action.* Englewood Cliffs, NJ: Prentice Hall.

Balser, H. (1993). *Konfliktfeld Schule: Systemische Problembewältigung.* Wetzlar: GWAB.

Baumert, J. & Kunter, M. (2006). Stichwort: Professionelle Kompetenz von Lehrkräften. *Zeitschrift für Erziehungswissenschaft, 9,* 469–520.

Beck, M. (1991). Beratung als multiprofessionelles und kooperatives Handeln. In M. Beck, G. Brückner & H.-U. Thiel (Hrsg.), *Psychosoziale Beratung. KlientInnen – HelferInnen –Institutionen* (S. 37–42). Tübingen: dgvt.

Bernitzke, F. & Schlegel, P. (2004). *Das Handbuch der Elternarbeit.* Troisdorf: Bildungsverlag EINS.

Birkenbihl, V. F. (2004). *Kommunikationstraining. Zwischenmenschliche Beziehungen erfolgreich gestalten* (25. Aufl.). Frankfurt am Main: mvg.

Boettcher, W. (2004). *Gesprächsführung.* Bönen: Verlag für Schule und Weiterbildung.

Brem-Gräser, L. (1993). *Handbuch der Beratung für helfende Berufe.* München: Reinhardt.

Bromme, R. (1997). Kompetenzen, Funktionen und unterrichtliches Handeln des Lehrers. In F. E. Weinert (Hrsg.), *Enzyklopädie der Psychologie. Serie I, Bd.3. Psychologie des Unterrichts und der Schule* (S. 177–212). Göttingen: Hogrefe.

Bronfenbrenner, U. & Morris, P. A. (1998). The Ecology of Developmental Processes. In W. Damon & R. M. Lerner (Eds.), *Handbook of Child Psychology* (5th ed., Vol. 1, pp. 993–1028). New York: Wiley.

Bruder, S. (2006). *Evaluation einer Lehrerfortbildung: Kompetenzdiagnostik durch Beobachtung und Überprüfung der Wirksamkeit von Beratungsgesprächen.* Unveröffentlichte Diplomarbeit, Technische Universität Darmstadt.

Bruder, S., Perels, F. & Schmitz, B. (2004) Selbstregulation und elterliche Hausaufgabenunterstützung. Die Evaluation eines Elterntrainings für Kinder der Sekundarstufe I. *Zeitschrift für Entwicklungspsychologie und Pädagogische Psychologie, 36,* 139–146.

Burden, P. R. (1990). Teacher Development. In W. R. Houston, M. Haberman & J. Sikula (Eds.), *Handbook of Research on Teacher Education* (pp. 311–327). New York: Macmillan.

Busch, K. (2000). *Erfolgreich Beraten: Ein praxisorientierter Leitfaden für Beratungsgespräche in der Schule.* Hohengehren: Schneider-Verlag.

Comer, J. P. (1988). Educating Poor Minority Children. *Scientific American, 259*, 42–48.

Connemann, R. (2005). Systematische Ansätze zur Beratung in der Schule. In N. Grewe (Hrsg.), *Praxishandbuch Beratung in der Schule. Grundlagen, Aufgaben und Fallbeispiele* (S. 42–52). München/Neuwied: Luchterhand.

Davison, G. C. & Neal, J. M. (2002). *Klinische Psychologie: ein Lehrbuch* (6. Aufl.). Weinheim: Psychologie-Verlags-Union.

Diener, E. & Eid, M. (2006). The Finale: Take-Home Messages From the Editors. In M. Eid & E. Diener (Eds.), *Handbook of Multimethod Measurement in Psychology* (pp. 457–463). Washington, DC: American Psychological Association.

Dörner, D. (1993). *Die Logik des Mißlingens. Strategisches Denken in komplexen Situationen.* Reinbek: Rowohlt.

Duden (1997). *Deutsches Universalwörterbuch.* Mannheim: Brockhaus.

Dusolt, H. (2001). *Elternarbeit. Ein Leitfaden für den Vor- und Grundschulbereich.* Weinheim: Beltz.

Egan, G. (2001). *Helfen durch Gespräch. Ein Trainingsbuch für helfende Berufe* (3. Aufl.). Weinheim: Beltz.

Eid, M. & Diener, E. (Eds.). (2006). *Handbook of Multimethod Measurement in Psychology.* Washington, DC: American Psychological Association.

Elbing, E. (2000). *Hochbegabte Kinder – Strategien für die Elternberatung.* München: Reinhardt.

Epstein, J. L. (1991). Effects on Student Achievement of Teachers' Practices of Parent Involvement. *Advances in Reading/Language Research, 5*, 261–276.

Erpenbeck, J. & Rosenstiel, L. von (2007). Einführung. In J. Erpenbeck & L. von Rosenstiel (Hrsg.), *Handbuch der Kompetenzmessung* (S. XVII–XLVI). Stuttgart: Schäffer-Poeschel.

Ertelt, B.-J. & Schulz, W. E. (2002). *Handbuch Beratungskompetenz: Mit Übungen zur Entwicklung von Beratungsfertigkeiten in Bildung und Beruf.* Leonberg: Rosenberger.

Franke, G. (2005). *Facetten der Kompetenzentwicklung.* Bielefeld: Bertelsmann.

Frey, A. & Balzer, L. (2005). Der Beurteilungsbogen smk: Ein Messverfahren für die Diagnose von sozialen und methodischen Fähigkeitskonzepten. In U. Renold (Hrsg.), *Kompetenzdiagnostik. Theorien und Methoden zur Erfassung und Bewertung von beruflichen Kompetenzen* (S. 31–56). Landau: Verlag Empirische Pädagogik.

Freyaldenhoven, I. (2005). *Schule in der Krise? Psychologische Beratung als Antwort! Theoretische und praktische Hinweise für eine gelingende Schulberatung – lösungsorientiert und individuell.* Stuttgart: ibidem.

Friedrich, G. (2002). Gesprächsführung – Ausbildungsziel der Lehrerqualifikation. In G. Brünner, R. Fiehler & W. Kindt (Hrsg.), *Angewandte Diskursforschung, Band 2: Methoden und Anwendungsbereiche* (S. 126–147). Radolfzell: Verlag für Gesprächsforschung.

Gallagher, M. S. & Hargie, O. D. W. (1989). An Investigation into the Validity of Role Play as a Procedure for Counsellor Skill Assessment. *British Journal of Guidance and Counselling, 17*, 155–165.

Galluzuo, G. R. & Craig, J. R. (1990). Evaluation of Preservice Teacher Education Programs. In W. R. Houston, M. Haberman, & J. Sikula (Eds.), *Handbook of Research on Teacher Education* (pp. 599–616). New York: Macmillan.

Gaude, P. (1989). *Beobachten, Beurteilen und Beraten von Schülern: Schulpsychologische Hilfen für Lehrer.* Frankfurt am Main: Diesterweg.

Grewe, N. (2005). Gesprächsführung und Leitlinien der Beratung. In N. Grewe (Hrsg.), *Praxishandbuch Beratung in der Schule. Grundlagen, Aufgaben und Fallbeispiele* (S. 13–34). München: Luchterhand.

Grewe, N. & Wichterich, H. (Hrsg.). (1999). *Beratungslehrer in der Praxis.* Neuwied: Luchterhand.

Gührs, M. & Nowak, C. (2006). *Ein Leitfaden für Beratung, Unterricht und Mitarbeiterführung mit Konzepten der Transaktionsanalyse* (6. Aufl.). Meezen: Limmer.

Gürtler, T. (2003). *Trainingsprogramme zur Förderung selbstregulativer Kompetenzen in Kombination mit Problemlösestrategien. PROSEKKO.* Frankfurt am Main: Peter Lang.

Hackney, H. & Cormier, L. S. (1998). *Beratungsstrategien, Beratungsziele.* München: Reinhardt.

Hartig, J. & Klieme, E. (2006). Kompetenz und Kompetenzdiagnostik. In K. Schweizer (Hrsg.), *Leistung und Leistungsdiagnostik* (S. 127–143). Heidelberg: Springer.

Helmke, A. (2003). *Unterrichtsqualität. Erfassen, Bewerten, Verbessern.* Seelze: Kallmeyer.

Helmke, A. (2009). *Unterrichtsqualität und Lehrerprofessionalität. Diagnose, Evaluation und Verbesserung des Unterrichts.* Seelze: Kallmeyer.

Hennig, C. (1989). Die Rolle des Beraters und die Funktion von Beratung. In S. Bachmair, J. Faber, C. Hennig, R. Kolb & W. Willig (Hrsg.), *Beraten will gelernt sein* (4. Aufl., S. 119–143). Weinheim: Psychologie-Verlags-Union.

Hennig, C. & Ehinger, W. (2003). *Das Elterngespräch in der Schule. Von der Konfrontation zur Kooperation* (2. überarb. Aufl.). Donauwörth: Auer.

Hennig, C., & Keller, G. (2000). *Lehrer lösen Schulprobleme* (3. Aufl.). Donauwörth: Auer.

Hertel, S. (2007). So unterstütze ich meine Schüler beim Lernen lernen – Ein Training für Lehrerinnen und Lehrer im Grundschulzweig. In M. Landmann & B. Schmitz (Hrsg.), *Selbstregulation erfolgreich fördern* (S. 184–205). Stuttgart: Kohlhammer.

Hertel, S. (2009). *Beratungskompetenz von Lehrern – Kompetenzdiagnostik, Kompetenzförderung, Kompetenzmodellierung.* Münster: Waxmann.

Hertel, S., Elzen Rump von, V. (2010). Lernstrategien im Unterrichtsalltag fördern.

Hertel, S., Pickl, C. & Schmitz, B. (2008). Lehrertrainings. In W. Schneider & M. Hasselhorn (Hrsg.), *Handbuch der Psychologie. Band Pädagogische Psychologie* (S. 233–244). Göttingen: Hogrefe.

Hertel, S., Schmitz, B. & Dinkel, S. M. (2009). *Inhalte der Elternberatung: Was wünschen sich Eltern und wozu beraten Lehrer?* Poster im Rahmen der 12. Fachtagung Pädagogische Psychologie in Saarbrücken, 07.–09. September 2009.

Hofer, M., Wild, E. & Pikowsky, B. (1996). *Pädagogisch-Psychologische Berufsfelder. Beratung zwischen Therapie und Praxis.* Bern: Huber.

Honal, W. H. & Schlegel, H. (2002). Axiome der Schulberatung – Wissenschaftliche Vorgaben für die Beratung in der Schule. In W. H. Honal (Hrsg.), *Handbuch der Schulberatung* (Teil 4.1, S. 1–4). Landsberg: mvg.

Hopf, V. (1982). Der Lehrer als Berater – Beratungslehrer? *Gruppendynamik, 13,* 129–142.

Hubrig, C. & Herrmann, P. (2005). *Lösungen in der Schule. Systemisches Denken in Unterricht, Beratung und Schulenentwicklung.* Heidelberg: Carl Auer.

Huschke-Rhein, R. (1998). *Systemische Erziehungswissenschaft. Pädagogik als Beratungswissenschaft.* Weinheim: Beltz.

Kauffeld, S. (2005). Fachliche und überfachliche Weiterbildung: Welche Investitionen zahlen sich für die berufliche Handlungskompetenz aus? In U. Renold (Hrsg.), *Kompetenzdiagnostik. Theorien und Methoden zur Erfassung und Bewertung von beruflichen Kompetenzen* (S. 57–75). Landau: Empirische Pädagogik.

Keck, R. W. (2001). Eltern und Lehrer als Erziehungspartner in der Schule. In R. W. Keck & S. Kirk (Hrsg.), *Erziehungspartnerschaft zwischen Elternhaus und Schule. Analysen, Erfahrungen, Perspektiven* (S. 1–18). Baltmannsweiler: Schneider.

Kultusministerkonferenz (KMK). (2004): Standards für die Lehrerbildung: Bildungswissenschaften. Beschluss der Kultusministerkonferenz vom 16.12.2004. URL: http://www.kmk.org/fileadmin/veroeffentlichungen_beschluesse/2004/2004_12_16-Standards-Lehrerbildung.pdf (Download vom 24.09.2009).

Kohl, G. K., Weissberg, R. P., Reynolds, A. J. & Kasprow, W. J. (1994). *Teacher Perceptions of Parent Involvement in Urban Elementary Schools: Sociodemographic and School Adjustment Correlates*. Paper presented at the annual meeting of the American Psychological Association, Los Angeles, CA.

Kolb, R. (1989). Gesprächsführung. In S. Bachmair, J. Faber, C. Hening, R. Kolb & W. Willig (Hrsg.), *Beraten will gelernt sein* (S. 16–84). Weinheim: Psychologie-Verlags-Union.

Korte, J. (2004). *Mit den Eltern an einem Strang ziehen. Mehr Schulerfolg durch gezielte Elternarbeit*. Donauwörth: Auer.

Krause, C. (2003). Pädagogische Beratung: Was ist, was soll, was kann Beratung? In H.-U. Thiel (Hrsg.), *Pädagogische Beratung* (S. 15–31). Paderborn: Schöningh.

Krumm, V. (1996). Über die Vernachlässigung der Eltern durch die Erziehungswissenschaft. Plädoyer für eine veränderte Rolle der Lehrer bei der Erziehung der Kinder. In A. Leschinsky (Hrsg.), *Die Institutionalisierung von Lehren und Lernen. Beiträge zu einer Theorie der Schule* (S. 119–137).Weinheim: Beltz.

Landesinstitut für Schule und Weiterbildung des Landes Nordrhein-Westfalen. (1998). *Fachgutachten: Beratung in der Schule und im Schulsystem. Ergebnisse einer Überprüfung und Anregungen zur weiteren Entwicklung* (3. Aufl.). Bönen: Verlag für Schule und Weiterbildung.

Landesinstitut für Schule und Weiterbildung des Landes Nordrhein-Westfalen. (2001). *Beratungstätigkeit von Lehrerinnen und Lehrern in der Schule. Handreichung zum Erlass*. Bönen: Verlag für Schule und Weiterbildung.

Landmann, M., & Schmitz, B. (Hrsg.). (2007). *Selbstregulation erfolgreich fördern*. Stuttgart: Kohlhammer.

Lengua, L. & McMahon, R. J. (2000). Parent Involvement in School Conceptualizing Multiple Dimensions and Their Relations with Family and Demographic Risk Factors. *Journal of School Psychology, 38*, 501–523.

Lexikon der Psychologie, Band 2: F-L. (2000). Heidelberg: Spektrum.

Manz, P. H., Fantuzzo, J. W. & Power, T. J. (2004). Multidimensional Assessment of Family Involvement among Urban Elementary Students. *Journal of School Psychology, 42*, 461–475.

Miethner, S., Schmidt, M. & Schmitz, B. (2008). *Mein Kind lernt Lernen. Ein Praxisbuch für Eltern*. Stuttgart: Klett-Cotta.

Nestmann, F. (1997). Beratung als Ressourcenförderung. In F. Nestmann (Hrsg.), *Beratung – Bausteine für eine interdisziplinäre Wissenschaft und Praxis, Forum für Verhaltenstherapie und psychosoziale Praxis* (37. Aufl., S. 15–38). Tübingen: dgvt.

Nestmann, F. (2002). *Beratung als Ressourcenförderung*. Weinheim: Juventa.

Ollendick, T. H., Alvarez, H. K. & Greene, R. W. (2004). Behavioral Assessment: History of Underlying Concepts and Methods. In S. N. Haynes, E. M. Heiby & M.

Hersen (Eds.), *Comprehensive Handbook of Psychological Assessment. (Vol. 3: Behavioral Assessment, 19–34).* Hoboken: Wiley.
Otto, B. (2008). *SELVES: Schüler-, Eltern- und Lehrertrainings zur Vermittlung effektiver Selbstregulation.* Berlin: Logos.
Pallasch, W. & Kölln, D. (2002). *Pädagogisches Gesprächstraining. Lern- und Trainingsprogramm zur Vermittlung pädagogisch-therapeutischer Gesprächs- und Beratungskompetenz.* Weinheim: Juventa.
Palmowski, W. (1995). *Der Anstoß des Steines.* Dortmund: Borgmann.
Perels, F., Schmitz, B. & Bruder R. (2003). Trainingsprogramm zur Förderung der Selbstregulationskompetenz von Schülern der achten Gymnasialklasse. *Unterrichtswissenschaft, 31*, 23–37.
Pickl, C. (2004). *Selbstregulation und Transfer.* Weinheim: Beltz.
Prior, M. (2004). *MiniMax-Interventionen. 15 minimale Interventionen mit maximaler Wirkung* (5. Aufl.). Heidelberg: Carl Auer.
Rambow, R. & Bromme, R. (2000). Was Schöns „reflective practitioner" durch die Kommunikation mit Laien lernen können. In G. H. Neuweg (Hrsg.), Wissen – Können – Reflexion (S. 245–263). Innsbruck: StudienVerlag.
Rechtien, W. (2004). *Beratung. Theorien, Modelle und Methoden* (2. Aufl.). München: Profil.
Reynolds, A. J. (1992). Comparing Measures of Parent Involvement and Their Effects on Academic Achievement. *Early Childhood Research Quarterly, 7*, 441–462.
Rogers, C. (1972). *Die nicht-direktive Beratung.* München: Kindler.
Sander, K. (1999). *Personenzentrierte Beratung. Ein Arbeitsbuch für Ausbildung und Praxis.* Weinheim: Beltz.
Schlippe, A. v., & Schweitzer, J. (2003). *Lehrbuch der systemischen Therapie und Beratung* (9. Aufl.). Göttingen: Vandenhoeck & Ruprecht.
Schmitz, B. & Wiese, B. S. (2006). New Perspectives for the Evaluation of Training Sessions in Self-regulated Learning: Time-series Analyses of Diary Data. *Contemporary Educational Psychology, 31*, 64–96.
Schmitz, B. & Schmidt, M. (2007). Einführung in die Selbstregulation. In M. Landmann & B. Schmitz (Hrsg.), *Selbstregulation erfolgreich fördern* (S. 9–16). Stuttgart: Kohlhammer.
Schrader, F.-W. (2008). Diagnoseleistungen und diagnostische Kompetenzen von Lehrkräften. In W. Schneider & M. Hasselhorn (Hrsg.), *Handbuch der Pädagogischen Psychologie* (S. 168–177). Göttingen: Hogrefe.
Schulz von Thun, F. (2002). *Miteinander reden 1 – Störungen und Klärungen* (36. Aufl.). Reinbek: Rowohlt.
Schwarzer, C. (1997). Beratung in der Schule. In E. Weinert (Hrsg.), *Enzyklopädie der Psychologie. Serie I, Bd.3. Psychologie des Unterrichts und der Schule* (S. 771–784). Göttingen: Hogrefe.
Schwarzer, C. & Posse, N. (1986). Beratung. In B. Weidenmann & A. Krapp (Hrsg.), *Pädagogische Psychologie.* (S. 631–666). München: Psychologie-Verlags-Union.
Schwarzer, C., & Buchwald, P. (2006). Beratung in Familie, Schule und Beruf. In A. Krapp & B. Weidenmann (Hrsg.), *Pädagogische Psychologie* (5. Aufl., S. 575–612). Weinheim: Beltz.
Scofield, M. E. & Yoxtheimer, L. L. (1983). Psychometric Issues in the Assessment of Clinical Competencies. *Journal of Counseling Psychology, 30*, 413–420.
Sickendiek, U., Engel, F. & Nestmann, F. (2002). *Beratung. Eine Einführung in sozialpädagogische und psychosoziale Beratungsansätze.* Weinheim: Juventa.

Sickinger, G. (2006). Vom Erstkontakt zum Arbeitskontakt. In M. Vogt-Hillmann & W. Burr (Hrsg.), *Kinderleichte Lösungen. Lösungsorientierte Kreative Kindertherapie* (S. 189–200). Dortmund: Borgmann.

Silberman, M. (1998). *Active Training: A Handbook of Techniques, Designs, Case Examples and Tipps* (2nd ed.). New York: Macmillan.

Steele Shernoff, E. & Kratochwill, T. R. (2004). The Application of Behavioral Assessment Methodologies in Educational Settings. In S. N. Haynes & E. M. Heiby (Eds.), *Comprehensive Handbook of Psychological Assessment* (Vol. 3, pp. 365–385). Hoboken, NJ.: Wiley.

Steinebach, C. (2006). *Handbuch Psychologische Beratung*. Stuttgart: Klett-Cotta.

Strasser, J. & Gruber, H. (2003). Kompetenzerwerb in der Beratung: Eine kritische Analyse des Forschungsstands. *Psychologie in Erziehung und Unterricht, 50,* 381–399.

Tausch, R. (1997). Gesprächspsychotherapie und Stressverminderung. *Gesprächspsychotherapie und Personenzentrierte Beratung, 4,* 238–245.

Terhart, E. (2002). *Standards für die Lehrerbildung. Eine Expertise für die Kultusministerkonferenz.* Münster: Westfälische Wilhelms-Universität Münster, Institut für Schulpädagogik und Allgemeine Didaktik.

Thiel, H.-U. (2003). Phasen des Beratungsprozesses. In C. Krause, B. Fittkau, R. Fuhr & H.-U. Thiel (Hrsg.), *Pädagogische Beratung* (S. 73–84). Paderborn: Schöningh.

Vogt-Hillmann, M. & Burr, W. (Hrsg.). (2006). *Kinderleichte Lösungen. Lösungsorientierte Kreative Kindertherapie* (5. Aufl.). Dortmund: Borgmann.

Voigt, E. (2003). Beratung in der Schule. Perspektive der Schulpsychologie. In H.-U. Thiel (Hrsg.), *Pädagogische Beratung* (S. 153–171). Paderborn: Schöningh.

Watzlawik, P., Beavin, J. H. & Jackson, D. D. (1969). *Menschliche Kommunikation. Formen, Störungen, Paradoxien.* Bern: Huber.

Weinert, F. E. (2001). Concept of competence: A Conceptual Clarification. In D. S. Rychen & L. H. Salganik (Eds.), *Defining and selecting key competencies* (pp. 45–65). Seattle: Hogrefe & Huber.

Weisbach, C.-R. (2003). *Professionelle Gesprächsführung. Ein praxisnahes Lese- und Übungsbuch* (6. Aufl.). München: dtv.

Wild, E. (2003). Einbeziehung des Elternhauses durch Lehrer: Art, Ausmaß und Bedingungen der Elternpartizipation aus der Sicht von Gymnasiallehrern. *Zeitschrift für Pädagogik, 49,* 513–533.

Wöhler, H. (1990). Öffentliche Familienberatung in der Lehrerfort- und -ausbildung. In H. J. Tymister (Hrsg.), *Individualpsychologisch-pädagogische Beratung* (S. 27–47). München: Reinhardt.

Wollert, A. (1997). Intergenerative Kompetenzbilanz. In A. Quem (Hrsg.), *Kompetenzentwicklung '97. Berufliche Weiterbildung in der Transformation – Fakten und Visionen* (S. 317–362). Münster: Waxmann.

Wolters, U. (2004). *Lösungsorientierte Kurzberatung* (2. Aufl.). Leonberg: Rosenberger.

Zimmerman, B. J. (2000). Attaining Self-regulation: A Social Cognitive Perspective. In M. Boekraerts, P. R. Pintrich & M. Zeider (Eds.), *Handbook of Self-regulation* (pp. 13–39). San Diego, CA: Academic Press.

Stichwortverzeichnis

D

E

F

G

H

I

K

L

M

P